بسم الله الرحمن الرحيم

SEMERKAND

Basiswissen Islam
Glaube und Praxis nach der Ehlu Sunneh
info@erolmedien.de

ISBN: 978-3-95707-045-6

Autor: **Dr. Dilaver Selvi**
Original: **Dinimi Öğreniyorum**
Übersetzung: **Salih Yılmaz**
Redakteur: **Salih Yılmaz**
Inhaltliche Kontrolle: **İsa Schevenels, Fikret Kömürcü, Harun Reşit Şahin**
Lektorat und Satz: **Erol Medien GmbH**
Fotografie, Layout und Covergestaltung: **Mustafa Hıçkıran**

2. Auflage 2017
Druck:

EROL MEDIEN

EROL Medien GmbH Kölner Str. 256 - 51149 Köln - Online Verkauf: **www.semerkandonline.de**
Tel.: 0 22 03 / 36 94 90 - Fax: 0 22 03 / 36 94 910 - E-Mail: **info@erolmedien.de**

Basiswissen Islam

Glaube und Praxis nach der Ehlu Sunneh

Dr. Dilaver Selvi

Übersetzung:

Salih Yılmaz

SEMERKAND

INHALTSVERZEICHNIS

Iman

Ibadeh

INHALTSVERZEICHNIS

INHALTSVERZEICHNIS

Vorwort

Basiswissen Islam ist ein Lehrbuch für Kinder, Jugendliche und Neueinsteiger in den Islam. Es wurde für all jene verfasst, die sich für „die einzige Religion bei Allah“ entschieden haben und nun mehr über ihre neue Religion erfahren wollen. Dazu stellt Basiswissen Islam die Grundlagen der Glaubenslehre der Ehlu Sunneh wel Dschema'ah und der fünf Säulen des Islam einfach, kompakt und übersichtlich aus der Sicht der hanefitischen Rechtsschule dar.

Der erste Teil dieses Buches beschäftigt sich mit dem Glauben an den Erhabenen Allah, die Engel, die Offenbarungsschriften und die Gesandten. Der Hauptteil des Buches beschreibt die Themen Tahara (Reinigung), Salah (Gebet), Sawm (Fasten), Zekah (Pflichtabgabe) und Hadsch (Pilgerfahrt) und der letzte Teil des Buches macht uns mit dem Du'a und den Suren vertraut.

Anmerkung

Es ist guter Brauch der Muslime, dem Gesandten Muhammed Mustafa ﷺ, den Propheten, den Gefährten, der nachfolgenden Generation und den Ewliya (Gottesfreunden) Hochachtung und Liebe entgegenzubringen, indem wir sie mit unseren Segenswünschen und Bittgebeten beschenken. Schon die Gefährten pflegten den Brauch, den Propheten Muhammed ﷺ mit Segenswünschen zu beschenken. Dieser Brauch wurde vom Erhabenen Allah im Edlen Quran folgendermaßen vorgegeben:

„Wahrlich sprechen Allah und Seine Engel Segenswünsche auf den Propheten (Muhammed). O ihr die ihr glaubt! So sprecht (auch) ihr auf ihn Segenswünsche und wünscht ihm Frieden!“

(El-Ehsab 33/56)

Auch die Segenswünsche auf die Gefährten gehen auf einen Quranvers zurück:

„Die Vorangehenden, die ersten der Auswanderer und der Helfer und jene, die ihnen auf die beste Art gefolgt sind – mit ihnen ist Allah wohlzufrieden!“

(Et-Tewbe 9/100)

Die Bittgebete auf Muslime der nachfolgenden Generation, auf die großen Gelehrten und Ewliya gehören ebenfalls zu den Anstandsregeln der Ehlu Sunneh wel Dschema‘ah.

Wenn man schon dem Gesandten Muhammed ﷺ, den Propheten, Gefährten, Engeln und Gottesfreunden Hochachtung in dieser Form zuteil werden lässt, so ist es eine Selbstverständlichkeit, dass wir Dem Erhabenen Allah eine noch größere Hochachtung und Ehrerbietung entgegenbringen indem wir Ihn lobpreisen. Der Lobpreis, sowie die Segenswünsche und Bittgebete, die wir in diesem Buch verwenden lauten folgendermaßen:

Wenn der Name des Erhabenen Allah erwähnt wird, verwenden wir bevorzugt den Ausspruch:
„Dschelle Dschelalehu“
(„Gewaltig ist Seine Majestät“).
Diesen Ausspruch kürzen wir mit folgendem Symbol ab: ﷻ

Wenn der Name des Propheten Muhammed ﷺ erwähnt wird, verwenden wir bevorzugt den Ausspruch:
„Salla Allahu aleyhi we sellem“
(„Allahs Segen und Friede sei auf ihm“).
Diesen Ausspruch kürzen wir mit folgendem Symbol ab: ﷺ

Wenn der Name eines Propheten oder Engel erwähnt wird, verwenden wir bevorzugt den Ausspruch:
„Aleyhi Selam“
(Friede sei mit ihm“).
Diesen Ausspruch kürzen wir mit folgendem Symbol ab: عليه السلام

Wenn der Name eines Prophetengefährten erwähnt wird, verwenden wir bevorzugt den Ausdruck:
„Radiya Allahu Anhu“
(„Allah möge mit ihm zufrieden sein“).
Diesen Ausspruch kürzen wir mit folgendem Symbol ab: رضي الله عنه

Wenn der Name eines Weli (Gottesfreund) erwähnt wird, verwenden wir bevorzugt den Ausdruck:
„Qaddes Allahu Sirrahu“
(„Möge Allah sein Geheimnis heiligen“).
Diesen Ausspruch kürzen wir mit folgendem Symbol ab: قدس سره

IMAN

IMAN

Wahrlich ist der Islam ein Leichtes! Und niemals wird es sich einer in der Religion schwer machen, außer, dass diese ihn überwältigt. Und leitet recht und nähert euch Allah und verkündet frohe Botschaft. Und sucht die Hilfe (Allahs) frühmorgens und abends und in einem Teil der Nacht.

Der Prophet Muhammed ﷺ

Iman (Glaube)

Der Iman (Glaube) ist das Herzstück des Islam. Iman ist der feste Glaube an die Existenz einer Sache mit dem Herzen und die sichere Annahme des Herzens, dass eine Sache wahr ist. Der Ort des Iman ist also das Herz; wer im Herzen akzeptiert hat, dass eine Sache vorhanden und wirklich ist, der glaubt an diese Sache. Jeder, der an die Glaubensgrundsätze des Islam glaubt, ist ein Muslim. Diese sind im islamischen Glaubensbekenntnis (Kelimetu Schehadeh) zusammengefasst:

اَشْهَدُ اَنْ لَا اِلٰهَ اِلَّا اللّٰهُ وَاَشْهَدُ اَنَّ مُحَمَّدًا عَبْدُهُ وَرَسُولُهُ

„Ich bezeuge, dass es keine Gottheit außer Allah gibt und ich bezeuge, dass Muhammed Sein Diener und Sein Gesandter ist."

Das Glaubensbekenntnis fasst also folgende Aussagen zusammen:

- Allah ﷻ ist einzigartig.
- Er allein ist es wert, angebetet zu werden.
- Er ist der Herr aller Welten und der Herr aller Geschöpfe.
- Muhammed ﷺ ist Allahs ﷻ Diener und Gesandter.

Die Propheten sind Überbringer von Botschaften Allahs ﷻ an die Menschen. Sie sind von Allah ﷻ gesandt. Unser Prophet Muhammed ﷺ ist der letzte der Gesandten Allahs ﷻ. Nach ihm kommt kein Prophet mehr. Er wurde an alle Menschen und Dschinn entsandt, die zu seiner Zeit und nach seiner Zeit lebten, an alle, die heutzutage leben und an alle, die bis zum Jüngsten Tage geboren werden. Wer an den Propheten Muhammed ﷺ glaubt und seiner Botschaft folgt, der wird ins Paradies kommen.

Du entscheidest,
welchen Weg du einschlägst.

„Seit wann bist du ein Muslim?"

„Ich bin Muslim seit dem „Unterwerfungsvertrag" (Qalu Bela)

„Was ist denn der Unterwerfungsvertrag?"

„Der Unterwerfungsvertrag ist das Abkommen zwischen den Seelen und dem Erhabenen Allah."

Seit wann sind wir Muslime?

Allah ﷻ erschuf die Seelen, noch bevor Er die Körper erschuf. Danach rief er alle Seelen zusammen und nahm sie Sich zu Zeugen. Dabei fragte Er sie:

„Bin ich etwa nicht euer Herr?"
Und sie antworteten:
„Doch! Du bist unser Herr; wir bezeugen dies."

Zusätzlich nahm Sich Allah ﷻ auch die Engel zu Zeugen für dieses Abkommen zwischen Ihm und den Seelen der Menschen. Dies ist das erste Abkommen, das zwischen Allah ﷻ und Seinen Dienern geschlossen wurde. Auch wenn wir uns an dieses Abkommen nicht mehr erinnern können, so teilt uns doch Allah ﷻ im Edlen Quran mit, dass Er sehr wohl Kenntnis von diesem Abkommen hat.

Erklärung: Der erste Vertrag ist also der Urvertrag, den die Seelen mit Allah dem Erhabenen in der Vorewigkeit geschlossen haben und der zweite Vertrag ist die Bestätigung dieses Urvertrages durch die Seelen, indem sie den Islam während ihres irdischen Lebens annehmen.

Jedes Kind wird mit der Veranlagung geboren, (an seinen Schöpfer zu glauben und Ihm zu gehorchen)...

Der Prophet Muhammed ﷺ

Islam

Der Islam besteht aus göttlichen Gesetzen, die dem Menschen den Weg Allahs ﷻ weisen. Der Islam ist die Erziehungsmethode Allahs des Erhabenen. Mit ihm erzieht Er den Menschen und lehrt ihn, wie er ein glückliches und zufriedenes Leben führen kann. Er erschuf den Menschen so, dass er die Vorgaben Seiner Religion vollkommen erfüllen kann. Deshalb helfen ihm sein Herz, seine Seele, sein Verstand, sein Gewissen, und sein ganzer Körper dabei, Allah ﷻ zu erkennen, nach Seinen Vorgaben zu leben und Ihm so zu danken, wie es Ihm gebührt. Allah ﷻ hat es dem Menschen leicht gemacht, nach Seiner Religion zu leben und hat ihm Seine Religion in ihrer einfachsten Form vorgeschrieben. Der Prophet Muhammed ﷺ sagte:

كُلُّ مَوْلُودٍ يُولَدُ عَلَى الْفِطْرَةِ فَأَبَوَاهُ يُهَوِّدَانِهِ أَوْ يُنَصِّرَانِهِ أَوْ يُمَجِّسَانِهِ كَمَثَلِ الْبَهِيمَةِ تُنْتَجُ الْبَهِيمَةَ هَلْ تَرَى فِيهَا جَدْعَاءَ

„Jedes Kind wird mit der Veranlagung geboren, (an seinen Schöpfer zu glauben und Ihm zu gehorchen). Die Eltern jedoch, erziehen das Kind zum Juden, Christen oder Feueranbeter (daher kommt es vom wahren Weg ab). Dies ist genauso, wie bei dem (Mutter-)Tier, das sein Junges (gesund) zur Welt bringt. Oder siehst du etwa daran (also an dem Jungen) irgendeine Verstümmelung (wenn es auf die Welt kommt)?"

(Bukhari: Dschena'iz, 92, 1385; Vgl. auch: Muslim: Qader, 22-25, 2658)

Erklärung: Erst durch den Eingriff des Besitzers werden an dem Jungtier Verstümmelungen, wie das Kürzen der Ohren, oder Veränderungen, wie das Brandmarken, vorgenommen. Erst durch diese menschlichen Eingriffe wird der ursprüngliche natürliche Zustand des Tieres verändert. Genauso verhält es sich auch mit den Eltern und ihrem Kind.

Die wesentlichen Gründe, die zum Verlust des Iman führen, sind:
1. Die Undankbarkeit gegenüber der Gabe mit Iman gesegnet zu sein.
2. Keine Angst vor dem Verlust des Iman zu haben.
3. Das Kränken und Belästigen von Gläubigen.

Hakim Tirmidhi قدس سره

Was ist Iman?

Allah ﷻ teilt uns in einem Hadith Qudsi* mit, auf welche Weise die Abkehr des Menschen vom Glauben vonstattengeht:

اِنّى خَلَقْتُ عِبَادِى حُنَفَاءَ كُلَّهُمْ وَاِنَّهُمْ اَتَتْهُمُ الشَّيَاطِينُ فَاجْتَالَتْهُمْ عَنْ دِينِهِمْ وَحَرَّمَتْ عَلَيْهِمْ مَا اَحْلَلْتُ لَهُمْ وَاَمَرَتْهُمْ اَنْ يُشْرِكُوا بِى مَا لَمْ اُنْزِلْ بِهِ سُلْطَانًا

*„... Wahrlich habe Ich alle Meine Diener als „Hunefa"*** *erschaffen und wahrlich sind zu ihnen die Teufel gekommen und haben sie von ihrer (wahren) Religion abgebracht. Sie haben ihnen das verboten, was Ich ihnen erlaubt habe und sie haben ihnen befohlen, Mir Dinge (Götzen) beizugesellen, für (deren Beigesellung) Ich keine Ermächtigung herabgesandt habe."*
(Muslim: Dschenneh, 63, 2865).

Unser Prophet Muhammed ﷺ beantwortete die Frage: *„Was ist Iman?"* folgendermaßen:

اَنْ تُؤْمِنَ بِاللّٰهِ وَمَلَائِكَتِهِ وَكُتُبِهِ وَرُسُلِهِ وَالْيَوْمِ الْاٰخِرِ وَتُؤْمِنَ بِالْقَدَرِ خَيْرِهِ وَشَرِّهِ

„(Iman bedeutet,) dass du an Allah, Seine Engel, Seine Bücher, Seine Gesandten und an das Jenseits glaubst und dass du an Qader (Vorherbestimmung) glaubst; an ihr Gutes und an ihr Schlechtes (also, dass sowohl die guten, als auch die schlechten Dinge von Allah dem Erhabenen vorherbestimmt wurden)."
(Muslim: Iman, 1. Vgl. auch: Bukhari: Iman, 38).

*** „Hadith Qudsi" bedeutet wörtlich „Heilige Hadith". Damit werden Überlieferungen bezeichnet, deren Worte uns vom Gesandten Allahs ﷺ überliefert wurden, deren inhaltliche Bedeutung aber von Allah ﷻ selbst stammen:**
„Gewiss habe Ich alle Meine Diener als „Hunefa" erschaffen..."
**** Hunefa ist der Plural von Hanif und bedeutet: Eine Person, die sich von allen falschen Religionen und Glaubensmodellen abwendet und einzig und allein Allah ﷻ, den einzig wahren Gott, anbetet und sich einzig und allein Seiner Religion zuwendet. (Muslim: Iman, 63, 2865).**

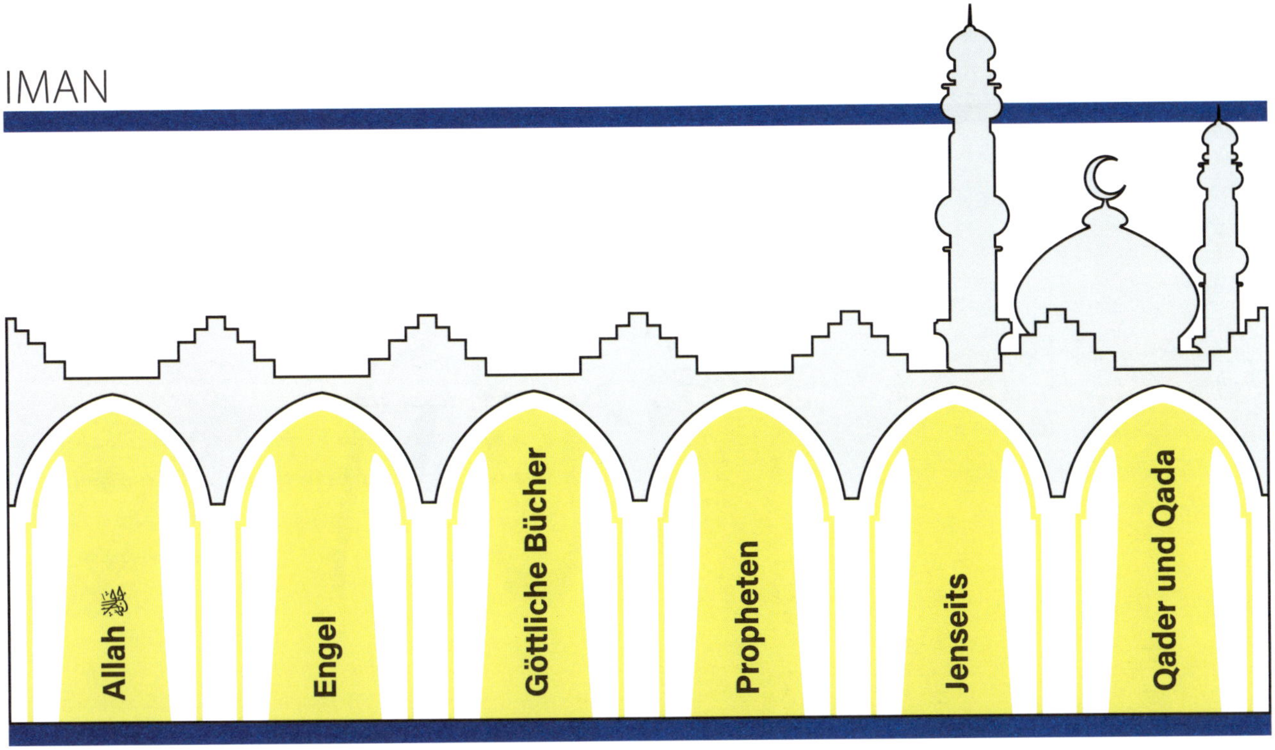

Nach dieser Überlieferung gibt es sechs Glaubensgrundsätze.

Der Glaube an:

1. Allah ﷻ
2. Seine Engel
3. die göttlichen Bücher
4. die Propheten
5. das Jenseits
6. Qader und Qada

Die Stufen des Iman

Die Menschen werden - nach dem Zustand ihres Iman - in folgende Kategorien unterteilt:

Mu'min (Gläubige):
Der Mu'min ist jemand, der in seinem Herzen an Allah ﷻ und Seinen Propheten Muhammed ﷺ und an all das, was er verkündet hat, glaubt. Damit auch die anderen Menschen mitbekommen, dass man ein Mu`min ist, sollte man darüber hinaus das Glaubensbekenntnis offen aussprechen.

Fasiq (Sünder):
Der Fasiq ist jemand, der den Islam angenommen hat, aber große Sünden begeht oder auf kleine Sünden beharrt.

Kafir (Leugner):
Der Kafir ist jemand, der die Existenz Allahs ﷻ, die Gesandtschaft des Propheten Muhammed ﷺ oder aber die göttlichen Offenbarungen bzw. die wahre Religion im Ganzen oder auch nur teilweise ablehnt.

Munafiq (Heuchler):
Der Munafiq ist jemand, der vorgibt, ein Gläubiger zu sein, mit seinem Herzen aber nicht an Allah ﷻ oder an die Gesandtschaft Muhammeds ﷺ glaubt. Jeder Munafiq ist gleichzeitig auch ein Kafir.

Muschrik (Polytheist):
Der Muschrik ist jemand, der Götzenbilder bzw. Geschöpfe anbetet, sie göttlich verehrt und damit Allah ﷻ beigesellt, sowie an ihre Teilhabe an Allahs ﷻ Wesen bzw. Seinen besonderen Eigenschaften glaubt.

DER GLAUBE AN ALLAH ﷻ

Allah ﷻ ist der Eigenname des Schöpfers aller Geschöpfe und des Herrn aller Welten. Er hat die Menschen und das Universum aus dem Nichts erschaffen.

Der Glaube an Allah ﷻ

Wir glauben an Allahs ﷻ Existenz, Seine Einzigartigkeit und an all Seine vollkommenen Eigenschaften in der Weise, wie Er sie uns gelehrt hat. Wir sagen bewusst: „Wie Er sie uns gelehrt hat“, da der menschliche Verstand nicht mit der Fähigkeit bestückt wurde, das wahre Wesen des Schöpfers zu erfassen. Folglich kann er seinen Schöpfer nur „beschränkt“ erkennen; eben so, wie Er es ihm zugänglich gemacht hat. Mithilfe dieser Erkenntnis, des Lichts, der Liebe, und des Segens, die Allah der Erhabene in sein Herz gelegt hat, kann er Ihn dann mit Seinen vollkommenen Eigenschaften erkennen, ohne Ihm irgendwelche Mängel zuzuschreiben. Diese Gotteserkenntnis – also Allah ﷻ mit Seinen vollkommenen Eigenschaften zu erkennen – und das Streben nach einem gottgefälligen Leben, wird Hidayeh (Rechtleitung) genannt.
Unsere Phantasie reicht bei weitem nicht dafür aus, uns das Wesen Allahs des Erhabenen vorstellen zu können. Das Wesen Allahs ﷻ kann nicht einfach mit dem Wesen eines Seiner Geschöpfe verglichen werden. Ganz egal, welche Vorstellungen wir uns von Allah dem Erhabenen auch machen mögen oder welche Bilder unserer Phantasie auch entspringen mögen, nichts davon entspricht der Realität. Allah der Erhabene ist fern von allen Gedankenspielen und Phantasiegebilden. Er ist ganz anders und unvergleichlich!
Um die Existenz und die Wirklichkeit Allahs ﷻ begreifen zu können, müssen wir uns mit Seinen Eigenschaften beschäftigen. Nur auf diesem Wege können wir ein bestmögliches Verständnis von Seinem Dasein und Seinem Wesen bekommen und so unseren Glauben stärken. Die Aussagen der Propheten und der heiligen Bücher lehren uns, welche Eigenschaften Allah der Erhabene hat und wie diese Eigenschaften beschaffen sind.

DER GLAUBE AN ALLAH ﷻ

Durch Allah den Erhabenen erhalten die Menschen ihr Leben und Er versorgt sie mit allem Lebensnotwendigen. Er ist der Lenker der Schöpfung und Derjenige, Der die Geschöpfe sterben und wiederauferstehen lässt.

Sifatu Dhatiyyeh*
Die wesenseigenen Eigenschaften Allahs ﷻ

Allah ﷻ hat sechs Sifatu Dhatiyyeh. Diese beziehen sich alle auf das Wesen Allahs ﷻ und nur Er besitzt diese Eigenschaften. Diese sechs Eigenschaften sind die folgenden:

1 Wudschud (Die Existenz):
Wudschud ist die Eigenschaft des Vorhandenseins Allahs des Erhabenen. Allah ﷻ existiert von Sich aus und wurde von niemandem erschaffen. Seine Existenz ist – im Gegensatz zu Seiner Schöpfung – nicht an eine Ursache gebunden, aber Er ist die Ursache aller anderen Dinge und Lebewesen: Diese wurden alle von Ihm erschaffen und sind alle von Ihm abhängig. Er existiert unabhängig von allen Dingen: Er ist auf nichts angewiesen und von niemandem abhängig. Sein Wesen ist ewigfortbestehend. Außer Ihm gibt es kein anderes Wesen, das von sich aus existiert.

2 Qidem (Die Anfangslosigkeit):
Die Existenz Allahs des Erhabenen hat keinen Ursprung und keinen Anfang. Er wurde nicht erschaffen. Sein Dasein ist immerwährend und es gibt keinen Zeitpunkt, zu dem Allah ﷻ nicht vorhanden ist.

3 Beqa (Die Unendlichkeit):
Der Erhabene Allah existiert bis in alle Ewigkeit fort. Seine Existenz ist unendlich. Genauso, wie Seine Existenz keinen Anfang hat, genauso hat sie auch kein Ende: Allah ﷻ existiert also schon immer und Er wird bis in alle Ewigkeit weiterexistieren.

*** „Dhat" bedeutet „Wesen". Die Sifatu Dhatiyyeh sind also diejenigen Eigenschaften Allahs des Erhabenen, die direkt mit Seinem Wesen zusammenhängen und nur Ihm eigen sind.**

DER GLAUBE AN ALLAH ﷻ

4 Mukhalefetun lil Hawadith (Die Andersartigkeit):
Allah der Erhabene ist anders, als alle erschaffenen Dinge. Er gleicht keiner Sache und keinem Lebewesen. Nichts ähnelt Ihm und nichts ist Ihm ebenbürtig.

5 Qiyam bi Nefsihi (Die Selbstbeständigkeit):
Die Existenz Allahs ﷻ ist an nichts gebunden; ganz im Gegenteil existiert Allah ﷻ einzig und allein aus Sich Selbst heraus. Alle Geschöpfe sind in ihrer Existenz und ihrem Fortbestand vollkommen auf Ihn angewiesen, Seine Existenz und Sein Fortbestand sind aber auf nichts und niemanden angewiesen.

6 Wahdeniyyeh (Die Einzigartigkeit):
Wahdeniyyeh ist die Einheit Allahs ﷻ in Seinem Wesen, Seinen Eigenschaften und Seinem Wirken. Er hat keine Partner und keine Teilhaber. Er ist absolut einzigartig.

Sifatu Thubutiyyeh*
Die beständigen und immerwährenden Eigenschaften Allahs ﷻ

Allah ﷻ hat acht Sifatu Thubutiyyeh. Diese besitzt Er fortwährend und in ihrer vollkommenen Form. Diese acht Eigenschaften sind die folgenden:

1 Haya (Die Lebendigkeit):
Allah ﷻ ist lebendig und besitzt immerwährendes Leben. Seine Lebendigkeit hat keinen Ursprung und dauert bis in alle Ewigkeit fort. Er ist der Herr über das Leben aller Lebewesen, denn alles Leben entsteht nur durch Ihn und wird nur durch Ihn wieder genommen. Durch Seinen Willen werden die Geschöpfe ins Leben gerufen und durch Seine Gnade und Seine Macht besteht ihr Leben fort.
Seine Macht über Leben und Tod ist grenzenlos.

2 Ilm (Das Wissen):
Allah ﷻ weiß alles und besitzt ewiges Wissen. Er weiß von allen Dingen, die innerhalb und außerhalb des Universums geschehen; nichts geschieht ohne sein Wissen. Er weiß was passieren wird und weiß von allen Dingen, Handlungen, Worten und Gedanken im Offenen und im Verborgenen.
Sein Wissen ist Grenzenlos.

3 Iradeh (Der Wille):
Alles was innerhalb und außerhalb des Universums geschieht und geschehen wird, erfolgt in vollkommener Übereinstimmung mit dem Willen Allahs ﷻ. Gegen Seinen Willen kann nichts geschehen, entstehen oder wieder vergehen. Wenn Er will, dass etwas geschieht, so geschieht dies entweder augenblicklich oder zu dem Zeitpunkt, für den Er es vorgesehen hat. Wenn Er nicht will, dass etwas geschieht, so geschieht es auch nicht und nichts und niemand kann daran etwas ändern.
Nichts geschieht gegen Seinen Willen.

*** „Thubut" bedeutet „feststehend". Hierbei handelt es sich um Eigenschaften, die Allah ﷻ immerwährend besitzt.**

4 Qudreh (Die Allmacht):
Allah ﷻ ist allmächtig. Es gibt nichts, wozu Er nicht imstande wäre. Die Macht der Geschöpfe ist hingegen begrenzt. Sie besitzen nur so viel Macht, wie ihnen Allah ﷻ zugesteht.
Seine Macht ist grenzenlos.

5 Sami (Das Hören):
Allah ﷻ hört jedes Geräusch, egal, wie laut oder leise dieses auch sein mag. Sein Hören ist nicht beschränkt und unvollkommen wie das Hören Seiner Geschöpfe. Allah ﷻ hört alles, ohne dazu ein Hilfsmittel (wie ein Gehör oder Ähnliches) zu benötigen.
Nichts bleibt Ihm verborgen.

6 Basar (Das Sehen):
Allah ﷻ sieht alle Dinge, die passieren, egal ob diese im Offenen oder im Verborgenen ablaufen, egal ob diese klein oder groß sind und egal ob sich diese im Licht oder in der Dunkelheit abspielen. Sein Sehen ist in keinster Weise mit dem Sehen des Menschen vergleichbar. Das Sehen des Menschen ist eingeschränkt, von Hilfsmitteln (den Augen, den Lichtverhältnissen, dem Abstand zum Objekt, etc.) abhängig und vergänglich. Allah ﷻ ist hingegen in Seinem Sehen weder beschränkt noch abhängig von irgendwelchen Hilfsmitteln. Sein Sehen ist nicht nachträglich erworben, sondern – genauso wie Sein Wesen – ewig und unvergänglich.
Sein Sehen ist allumfassend.

7 Kelam (Die Sprache):
Die Eigenschaft Kelam hat – genau wie das Wesen Allahs ﷻ – keinen Anfang und kein Ende. Allahs ﷻ Sprechen ist nicht auf Hilfsmittel, wie Zunge und Stimmbänder oder auf Klang, Sprache oder Schriftzeichen angewiesen. Mit der Eigenschaft Kelam sprach Allah ﷻ zu Seinen Propheten, erteilte ihnen Seine Anordnungen, offenbarte ihnen den Inhalt der göttlichen Bücher und Schriften und verkündete ihnen Seine Religion.
Die Art Seines Sprechens ist unbeschreiblich.

8 Tekwin (Die Schöpfungskraft):
Tekwin ist die Bezeichnung für die Eigenschaft des Erschaffens. Allah ﷻ lässt entstehen was Er will, wie Er will, wo Er will und wann Er will. Er besitzt die Fähigkeit, Dinge aus

DER GLAUBE AN ALLAH ﷻ

Allah, es gibt keine Gottheit außer Ihm, dem Lebendigen, dem Beständigen! Ihn ergreift weder Schlummer noch Schlaf. Sein ist, was in den Himmeln und auf Erden ist.

El-Baqarah 2/255

dem Nichts oder aus bereits zuvor erschaffenen Dingen (also aus der Materie) entstehen- und Bestehendes wieder verschwinden zu lassen. Die Schöpfung des Universums und der Menschen aus dem Nichts, ihre Versorgung, ihr Sterben und schließlich ihr Übergang in eine andere Welt, gehören alle zu dieser Eigenschaft Allahs ﷻ.

Allah ﷻ ist der Schöpfer aller Dinge.

DER GLAUBE AN DIE ENGEL

Die Engel

Die Engel wurden aus Licht erschaffen und sind mit dem menschlichen Auge (normalerweise) nicht wahrnehmbar. Sie sind Allah ﷻ stets gehorsam. Sie verstoßen gegen keines Seiner Gebote und sind folglich gar nicht dazu in der Lage Sünden zu begehen. Sie sind damit beschäftigt, Allahs ﷻ zu gedenken, Ihm zu danken und die ihnen übertragenen Aufgaben – in den Himmeln und auf der Erde – wahrzunehmen. Sie können die Gestalt von Menschen und anderen Wesen annehmen, verlieren dabei aber nie ihre Engelseigenschaften. Sie sind mit außergewöhnlichen Kräften und Fähigkeiten ausgestattet, besitzen keine menschlichen Triebe, wie Gier oder Zorn, essen und trinken nicht, besitzen kein Geschlecht, gebären nicht und werden nicht geboren.

Kiramen Katibin (Die Ehrwürdigen Schreiberengel): Die Ehrwürdigen Schreiberengel sind damit beauftragt, die guten und schlechten Taten der Menschen aufzuschreiben.
Hafedhah (Die Schutzengel): Die Schutzengel sind damit beauftragt, die Menschen zu beschützen.
Munker und Nekir (Die Grabengel): Die Grabengel Munker und Nekir sind damit beauftragt, die Menschen im Grabe zu befragen.

Die großen Engel

1 Dschibril عليه السلام**:**
Dschibril عليه السلام ist derjenige Engel, der mit der Überbringung der göttlichen Offenbarungen an die Propheten beauftragt war. Er wird auch als „Ruhul Emin" oder „Ruhul Quds" bezeichnet, was so viel bedeutet wie getreuer oder heiliger Geist. Er nimmt den höchsten Rang unter den Engeln ein und wird wegen seiner Nähe zu Allah ﷻ auch „Seyyidul Mela`ikeh" (Herr der Engel) genannt.

2 Israfil عليه السلام**:**
Israfil عليه السلام ist damit beauftragt, am Jüngsten Tage zweimal in das Sur (Horn) zu stoßen. Mit dem ersten Stoß bricht der Jüngste Tag an. Mit dem zweiten Stoß werden die Geschöpfe wieder zum Leben erweckt werden.

3 Mikail عليه السلام**:**
Mika'il عليه السلام lenkt die Naturereignisse. Zu seinen Aufgaben gehört auch die Versorgung der Lebewesen.

4 Azra'il عليه السلام**:**
Azra'il عليه السلام hat die Aufgabe, die Seelen der Lebewesen am Ende ihres Lebens zu ergreifen. Daher wird er auch „Melekul Mewt" (Todesengel) genannt.

Neben den oben aufgeführten Engeln, gibt es noch viele andere Engel über deren Aufgabenbereich wir nur begrenztes Wissen besitzen.

...darüber sind Engel, starke und gestrenge, die gegen Allahs Befehl nicht aufbegehren, sondern alles tun, was ihnen befohlen wird.
Et-Tahrim 66/6

DER GLAUBE AN DIE GÖTTLICHEN BÜCHER

O ihr, die ihr glaubt! Glaubt an Allah und Seinen Gesandten und an das Buch, das Er auf Seinem Gesandten herabgesandt hat, und die Schrift, die Er zuvor herabkommen ließ...

En-Nisa 4/136

Der Glaube an die göttlichen Bücher

Allah ﷻ sandte Seinen Propheten Offenbarungsschriften, damit diese den Menschen Seine Gebote verkünden und ihnen den rechten Weg weisen. Einige Propheten bekamen eine bestimmte Anzahl an Schriftblättern gesandt, andere ganze Bücher. Jeder Muslim ist dazu verpflichtet, an diese Offenbarungsschriften zu glauben und nach den Geboten des letzten göttlichen Buches, des Edlen Quran, zu handeln.

Die im Edlen Quran erwähnten Heiligen Bücher

TEWRAH	ZEBUR	INDSCHIL	DER EDLE QURAN
Die Tewrah (Thora), die an den Propheten Musa عليه السلام gesandt wurde.	***Der Zebur (Psalter), der an den Propheten Davud عليه السلام gesandt wurde.***	***Das Indschil (Evangelium), das an den Propheten Isa عليه السلام gesandt wurde.***	***Der Edle Quran, der an den Propheten Muhammed ﷺ gesandt wurde.***

Die im Edlen Quran erwähnten Schriftblätter

10 Schriftblätter an den Propheten Adem عليه السلام	***50 Schriftblätter an den Propheten Schith عليه السلام***	***30 Schriftblätter an den Propheten Idris عليه السلام***	***10 Schriftblätter an den Propheten Ibrahim عليه السلام***

DER GLAUBE AN DIE GÖTTLICHEN BÜCHER

Der Edle Quran wurde an die gesamte Menschheit gesandt. Er ist das Buch der göttlichen Führung und seine unverfälschte göttliche Botschaft wird bis zum Tag des Jüngsten Gerichts seine Gültigkeit bewahren und Bestand haben. Der Edle Quran kann weder verändert werden, noch wird er jemals durch ein anderes Buch ergänzt oder ersetzt werden. Er bestätigt die ursprüngliche Botschaft der ihm vorangegangenen heiligen Bücher und Schriftblätter, die im Laufe der Zeit von den Menschen verfälscht wurden. Durch ihn wird gewährleistet, dass Allahs ﷻ Gebote der Menschheit unverändert erhalten bleiben.

Der Glaube an die geoffenbarten Bücher und Schriftblätter gehört ebenfalls zu den essenziellen Glaubensgrundsätzen des Islam. Jeder Muslim ist dazu verpflichtet, daran zu glauben, dass die heiligen Bücher und Schriftblätter von Allah dem Erhabenen zu den Menschen herabgesandt wurden und daher göttliche Offenbarungen sind.

Es ist die Pflicht eines jeden Muslims, mindestens so viele Quranverse auswendig zu lernen, wie zur ordnungsgemäßen Verrichtung des Salah (Gebet) vonnöten sind.

Unser Prophet Muhammed ﷺ hinterließ uns die folgenden frohen Botschaften:

إِذَا اَحَبَّ اَحَدُكُمْ اَنْ يُحَدِّثَ رَبَّهُ فَلْيَقْرَاِ الْقُرْاٰنَ

„Wenn jemand von euch mit seinem Herrn (Allah) sprechen möchte, so soll er den Quran lesen.“

(Deylemi, Firdevsu'l-Ahbar, nr. 1200 Suyuti, Camiu's-Sagir, nr. 360).

مَنْ قَرَاَ الْقُرْاٰنَ فَلَهُ بِكُلِّ حَرْفٍ اٰيَةٍ عَشْرُ حَسَنَاتٍ

„Wer den Quran rezitiert, bekommt für jeden Buchstaben des (rezitierten) Verses (den Lohn) für zehn gute Taten (gutgeschrieben).“

(Taberani: Mudschemul Kebir, nr. 8647).

خَيْرُكُمْ مَنْ تَعَلَّمَ الْقُرْاٰنَ وَعَلَّمَهُ

„Der Beste unter euch ist derjenige, der den Quran erlernt und lehrt.“

(Bukhari: Feda'ilul Quran, 21).

DER GLAUBE AN DIE PROPHETEN

So entsandten Wir unsere Gesandten, einen nach dem anderen...

El-Mu'minun 23/44

Der Glaube an die Propheten

Propheten sind Personen, die von Allah dem Erhabenen dazu auserwählt wurden, den Menschen Seine Gebote zu überbringen und sie im Glauben zu unterweisen.
Im Edlen Quran werden die Propheten Allahs ﷺ entweder als „Rasul“ (Gesandter) oder als „Nebi“ (Verkünder) bezeichnet. Der Unterschied zwischen einem Rasul und einem Nebi ist der Folgende:

Ein Rasul ist ein Prophet, der entweder eine eigene Offenbarungsschrift erhalten hat oder neue göttliche Gesetze verkündete, durch die die schon vorhandenen göttlichen Gesetze ergänzt oder ersetzt wurden.

Ein Nebi ist ein Prophet, der keine neuen göttlichen Gesetze verkündete. Er verbreitete lediglich die Botschaft des gültigen göttlichen Regelwerks weiter und richtete sich nach ihr. Demnach ist jeder Rasul gleichzeitig auch ein Nebi, aber nicht jeder Nebi ein Rasul.

PROPHETEN

RASUL	**NEBI**
Hat eine eigene Offenbarungsschrift erhalten oder verkündet ein neues göttliches Gesetz	*Verkündet kein neues göttliches Gesetz, verbreitet die Botschaft des gültigen Gesetzes weiter*

Jeder Rasul ist gleichzeitig auch ein Nebi, aber nicht jeder Nebi ein Rasul.

DER GLAUBE AN DIE PROPHETEN

Jeder, der an Allah ﷻ und den letzten Propheten Muhammed ﷺ glaubt, ist ein Mu'min (Gläubiger) und jeder, der verleugnet, dass Muhammed ﷺ der letzte der Propheten ist, ist ein Kafir (Leugner).

Das Prophetentum ist ein Geschenk Allahs ﷻ. Die Propheten wurden von Allah ﷻ dazu berufen, Prophet zu sein; die Aufgabe des Propheten konnte man also nicht erlernen oder sich erarbeiten. Der erste der edlen Propheten war Adem عليه السلام, der Vater aller Menschen und der letzte der edlen Propheten war Muhammed ﷺ, das Siegel der Propheten. Während alle anderen Propheten die göttliche Botschaft nur einer bestimmten Volksgruppe verkündeten, wurde Muhammed ﷺ an die gesamte Menschheit entsandt. Er ist der Prophet aller Menschen, die bis zum Jüngsten Tag geboren werden.

Nach dem Propheten Muhammed ﷺ werden keine weiteren Propheten mehr kommen; weder ein Rasul noch ein Nebi. Im Edlen Quran heißt es dazu:

مَا كَانَ مُحَمَّدٌ اَبَا اَحَدٍ مِنْ رِجَالِكُمْ وَلٰكِنْ رَسُولَ اللّٰهِ وَخَاتَمَ النَّبِيِّينَ

„Und Muhammed ist nicht der Vater eines eurer Männer, sondern Allahs Gesandter und das Siegel der Propheten."
(El-Ehzab, 33/40).

Was genau mit dem „Siegel der Propheten" gemeint ist, sagen uns zahlreiche authentische prophetische Überlieferungen, wie die folgende:

وَاِنَّهُ لَا نَبِيَّ بَعْدِي

„Und gewiss wird es keinen Nebi (Propheten) nach mir geben."
(Bukhari: El-Enbiya 50, Muslim: El-Imareh, 10, 1842).

Trotz des Vorhandenseins eindeutiger authentischer Überlieferungen, gibt es Personen, die der Irrlehre anhängen, dass auch nach dem Ableben des Propheten Muhammed ﷺ noch weitere Propheten aufgetreten sind oder auch heute noch auftreten können. In der oben aufgeführten Hadith wurde das Kommen eines weiteren Propheten eindeutig ausgeschlossen. Die Behauptung, dass das Kommen weiterer Rasul zwar ausgeschlossen, aber die Entsendung weiterer Nebi noch möglich sei, widerspricht damit den eindeutigen und authentischen islamischen Quellen. Diese Personen haben nicht verstanden, dass jeder Rasul gleichzeitig auch ein Nebi ist und somit nach dem Propheten Muhammed ﷺ kein weiterer Prophet mehr kommen wird, weder ein Rasul noch ein Nebi. Der Glaube an ein Kommen weiterer Propheten nach Muhammed ﷺ, egal ob Nebi oder Rasul, führt unweigerlich zum Kufr und damit zum Austritt aus dem Islam!

DER GLAUBE AN DIE PROPHETEN

Allah allein kennt die genaue Anzahl Seiner Propheten.
Als Muslime glauben wir an alle Propheten Allahs und lieben und ehren jeden einzelnen von ihnen.

Der Prophet Isa (Jesus) wird vor dem Jüngsten Tag auf die Erde zurückkehren. Er wird die Menschen dazu auffordern den Islam, die letzte und alleingültige Religion Allahs , anzunehmen und nach der Botschaft des Edlen Quran und des letzten aller Propheten, Muhammed, zu leben.

DER GLAUBE AN DIE PROPHETEN

Wir entsandten Gesandte ja schon vor dir. Von einigen erzählten Wir dir und von anderen erzählten Wir dir nicht...

El-Ghafir 40/78

Die Eigenschaften der Propheten

Jeder der Propheten war im Besitz der folgenden besonderen Eigenschaften:

1 Sidq:
Alle Propheten waren aufrichtig und rechtschaffen.

2 Emaneh:
Alle Propheten waren in höchstem Maße vertrauenswürdig.

3 Tebligh:
Alle Propheten teilten den Menschen die Gebote Allahs ﷻ vollständig und unverfälscht mit.

4 Fetaneh:
Alle Propheten waren in höchstem Maße intelligent.

5 Ismeh:
Alle Propheten waren davor geschützt, zu sündigen.

Alle Propheten waren Männer. Es wurden keine weiblichen Propheten entsandt. Darüber hinaus gehörte es zu den besonderen Fähigkeiten der Propheten Allahs ﷻ, dass sie imstande waren Mu'dschizeh (prophetische Wunder) zu vollbringen. Mu'dschizeh sind außergewöhnliche, übernatürliche Ereignisse, die Allah ﷻ als Bestätigung der Glaubwürdigkeit und des Prophetentums seiner Gesandten, geschehen lässt. Zu diesen Wundern zählen das Auferwecken von Toten, das Reden mit Tieren oder das Hervorsprudelnlassen von Wasser zwischen den Fingern.

Unser Prophet Muhammed ﷺ zeigte viele Wunder, sein größtes Wunder ist aber zweifellos der Edle Quran. Durch den Empfang der göttlichen Offenbarungen wurde er – ohne überhaupt Lesen und Schreiben zu können – zum größten aller Gelehrten. Er verkündete den Menschen die göttliche Offenbarung und übermittelte ihnen göttliches Wissen. Er lehrte sie umfassendes Wissen über Dinge und Geschehnisse, die sie bis dahin nicht kannten: angefangen bei der Lebensgeschichte des ersten Menschen Adem عليه السلام, bis hin zu den Geschehnissen am Jüngsten Tag. Es ist die Pflicht eines jeden Muslims, der im Vollbesitz seiner geistigen Kräfte ist, an die Gesamtheit aller Propheten zu glauben und der Botschaft des letzten der Gesandten, Muhammed ﷺ, Folge zu leisten.

DER GLAUBE AN DAS JENSEITS

Wer nicht an Allah und Seine Engel und Seine Bücher und Seine Gesandten und den Jüngsten Tag glaubt, der ist weit abgeirrt.

En-Nisa 4/136

Der Glaube an das Jenseits

Das irdische Leben geht mit dem Tod zu Ende. Danach beginnt das Leben im Grab. Dieses ist eine Vorstufe des jenseitigen Lebens und dauert bis zum Jüngsten Tag an. Dieser Zeitabschnitt zwischen Tod und Auferstehung wird auch als „Bersakh“ (Zwischenzeit) bezeichnet. Das tatsächliche Leben im Jenseits wird aber erst mit dem Anbruch des Jüngsten Tages beginnen und danach ewig fortdauern. Das Jenseits ist, wie das Diesseits, eine Welt, die Allah ﷻ erschaffen und geordnet hat. Darin hat Er für uns ein anderes Leben vorbereitet. Es gibt Engel, die damit beauftragt wurden, die Verstorbenen, direkt nach ihrem Tod, im Grab zu befragen. Diese Grabengel erscheinen dem Verstorbenen in einer ihm gänzlich unbekannten Form und fragen ihn:

„Wer ist dein Herr?“
Der Verstorbene antwortet:
„Mein Herr ist Allah ﷻ!“
Danach fragen sie ihn:
„Wer ist dein Prophet?
Und der Verstorbene antwortet:
„Mein Prophet ist Muhammed ﷺ!“
Danach fragen sie ihn:
„Welcher Religion gehörst du an?“
Und der Verstorbene antwortet:
„Meine Religion ist der Islam!“
(Vgl. Hakim: Mustedrek, 107).

Daraufhin wird sich sein Grab weiten und es wird sich darin ein Fenster zum Paradies öffnen. So bekommt er also schon während seines Grabaufenthalts einen Vorgeschmack auf die Freuden des Paradieses und des ewigen Lebens.
Wenn hingegen ein Kafir (Leugner) verstirbt, dann wird er nicht dazu in der Lage sein, die Fragen der Engel richtig zu beantworten. Sein Grab wird ihm eng werden und es wird sich darin ein Fenster zur Hölle öffnen. So wird ihm sein Grab zu einem Ort der Qualen und der Verzweiflung.

DER GLAUBE AN DAS JENSEITS

Meint ihr etwa, dass Wir euch sinnlos (zu Spiel und Zeitvertreib) erschaffen haben und dass ihr nicht zu Uns zurückkehren müsst?

El-Mu'minun 23/115

Das Jüngste Gericht

Mit dem Eintritt des Jüngsten Tages enden das Diesseits und die Bersakh (Zwischenwelt). Der Engel Israfil leitet den Anbruch des Jüngsten Tages ein, indem er zweimal in das Sur (Horn) stößt. Beim ersten Stoß versterben alle Lebewesen. Beim zweiten Stoß werden alle Geschöpfe wieder zum Leben erweckt und begeben sich an den Versammlungsort in die Gegenwart Allahs. Dort wird die Mizan (Waage), auf der die guten und die schlechten Taten der Menschen gegeneinander aufgewogen werden, aufgestellt und jeder einzelne Mensch muss vor Allah dem Erhabenen Rechenschaft ablegen und wird von Ihm gerichtet.

Nachdem alle Menschen abgeurteilt wurden, werden jene Menschen, die an Allah und den Propheten ihrer Zeit glaubten, Ihm treu dienten und gute Taten verrichteten, durch Seine Gnade und durch die Fürsprache der Propheten und aufrichtigen Diener Allahs in das Paradies eintreten dürfen. Diejenigen hingegen, die die Existenz Allahs leugneten oder Ihm andere Gottheiten beigesellten, werden für immer in die Hölle kommen.

Der Glaube an das Jenseits gehört zu den essenziellen Glaubensgrundsätzen des Islam; es ist die Pflicht eines jeden Muslims, an die Existenz des Jenseits zu glauben. Der Glaube an das Jenseits ist eine Grundvoraussetzung dafür, dass man im Diesseits ein würdevolles Leben führen und als gläubiger Muslim versterben kann, einen angenehmen Grabaufenthalt haben wird und schließlich ins Paradies eintreten darf. Nur wer an das Jenseits glaubt, kann das Wohlgefallen Allahs erlangen.

Jeder Mensch hat eine ganz bestimmte, von Allah dem Erhabenen festgesetzte, Lebensdauer. Wenn diese Frist endet, tritt der Tod ein und das Leben in der Zwischenwelt beginnt.

Allah, der Erhabene, sagt dazu im Edlen Quran Folgendes:

„Jede Gemeinschaft hat eine (festgesetzte) Frist. Wenn nun ihre Frist kommt, können sie (also die Mitglieder dieser Gemeinschaft) diese Frist weder um einen Moment hinauszögern noch vorverlegen."

(El-E'raf,7/34).

DER GLAUBE AN QADER UND QADA

Und würde einer unter euch so viel Gold besitzen, wie der Berg Uhud (groß ist) und diesen spenden, so würde Allah seine Wohltat so lange nicht annehmen bis er an die Vorherbestimmung glaubt.

Der Prophet Muhammed

Qader und Qada

Qader (Vorherbestimmung) bedeutet, dass Allah ﷻ Kenntnis über alle Dinge hat, die bereits geschehen sind und die bis in alle Ewigkeit geschehen werden. Er kennt die Zeit, den Ort und den Ablauf aller Geschehnisse, bevor diese eintreten.

Qada (göttliche Fügung) ist die Verwirklichung dieser vorherbestimmten Vorgänge zu der Zeit und an dem Ort, die Allah ﷻ dafür vorgesehen hat.

Qader spiegelt das Allwissen Allahs ﷻ wieder: Er weiß alles, sieht alles, hört alles und gestaltet alles, wie Er will. Nichts, was innerhalb und außerhalb des Universums geschieht, bleibt Seinem Wissen verborgen. Alles, was innerhalb und außerhalb des Universums existiert, erschuf Er mit Seinem Willen.

Der Mensch verfügt nicht über die Fähigkeit, seine Vorherbestimmung erkennen zu können.* Es gehört zu den essenziellen Glaubensgrundsätzen des Islam, daran zu glauben, dass Allah ﷻ Kenntnis über alle Dinge hat, die dem Menschen widerfuhren, widerfahren und widerfahren werden.

Alle Handlungen des Menschen, die seinem freien Willen entspringen, sind Taten, für die er selbst verantwortlich ist und die er selbst zu verantworten hat. Tut er Gutes, so wird er dafür belohnt. Tut er Schlechtes, so wird er dafür bestraft. Allah ﷻ vergibt aber denen, die ihr Fehlverhalten aufrichtig bereuen und Ihn um Vergebung bitten. Mehr noch: Wenn ein Sünder von seinen Sünden ablässt und Allah ﷻ reumütig und aufrichtig um Vergebung bittet, so wandelt Dieser seine Sünden in Wohltaten um. So gnadenreich ist Allah der Allbarmherzige!
(Vgl. Imam Qurtubi: Dschami`u li Ehkamil Quran: El-Furqan, 25/70.)

Diese frohe Botschaft gilt für all jene Personen, die sich aufrichtig und reumütig zum Islam bekennen und gute Taten verrichten und für all jene Muslime, die aufrichtig um Vergebung für ihre Sünden bitten.

Allah ﷻ gebührt unendlicher Dank!

*** Außer wenn der Erhabene Allah es ihm mitteilt, so wie Er dies beispielsweise den Propheten mitgeteilt hat.**

Der Islam wurde durch Muhammed, dem Siegel der Propheten, als der Abschluss aller göttlichen Religionen, an die gesamte Menschheit gesandt.

Heute habe Ich eure Religion vervollkommnet und Meine Gnade an euch vollendet und euch den Islam zum Glauben erwählt.

El-Ma'ideh 5/3

Was ist der Islam?

Allah ﷻ sandte die Propheten als Erzieher unter die Menschen, um diese von ihren schlechten Charaktereigenschaften zu befreien. Die Propheten teilten den Menschen die göttlichen Ge- und Verbote mit. Das Befolgen dieser Anweisungen ermöglicht es dem Menschen, sowohl im Diesseits als auch im Jenseits ein glückliches Leben zu führen. Denn wenn die Menschen aufrichtig glauben, sich an Allahs ﷻ Gebote halten und bemüht sind, ausschließlich Allahs ﷻ Wohlgefallen zu erlangen, verbessert sich ihr Charakter und ihr Herz findet zur Ruhe. So entwickeln sie sich zu Menschen, die einen nützlichen Beitrag zum Wohl der Gesellschaft leisten. Dies führt wiederum dazu, dass sie Allahs ﷻ Wohlgefallen erlangen. Wer aber das Wohlgefallen Allahs ﷻ erlangt hat, der nähert sich Ihm und wer Allah nahe ist, der führt, sowohl im Diesseits als auch im Jenseits, ein sorgenfreies Leben. Solche Menschen führen ein angenehmes Leben, erleben einen furchtlosen Tod, haben einen behaglichen Aufenthalt im Grab, legen am Jüngsten Tag mühelos Rechenschaft über ihre Taten ab und werden ein ewiges Leben im Paradies führen.

Der Islam ist die Religion Allahs ﷻ; er ist der Pfad, der die Menschen ins Paradies führt. Der Islam wurde durch Muhammed ﷺ, dem Siegel der Propheten, als der Abschluss aller göttlichen Religionen an die gesamte Menschheit gesandt. Wer den Islam mit dem Herzen annimmt wird zum Muslim.

Der Islam wurde durch Muhammed ﷺ, dem Siegel der Propheten, als der Abschluss aller göttlichen Religionen an die gesamte Menschheit gesandt. Er besteht aus Richtlinien, die Allah, der Erhabene, festgesetzt hat, damit der Mensch ein gutes und gottgefälliges Leben führen kann. Wer den Islam mit dem Herzen annimmt wird zum Muslim.

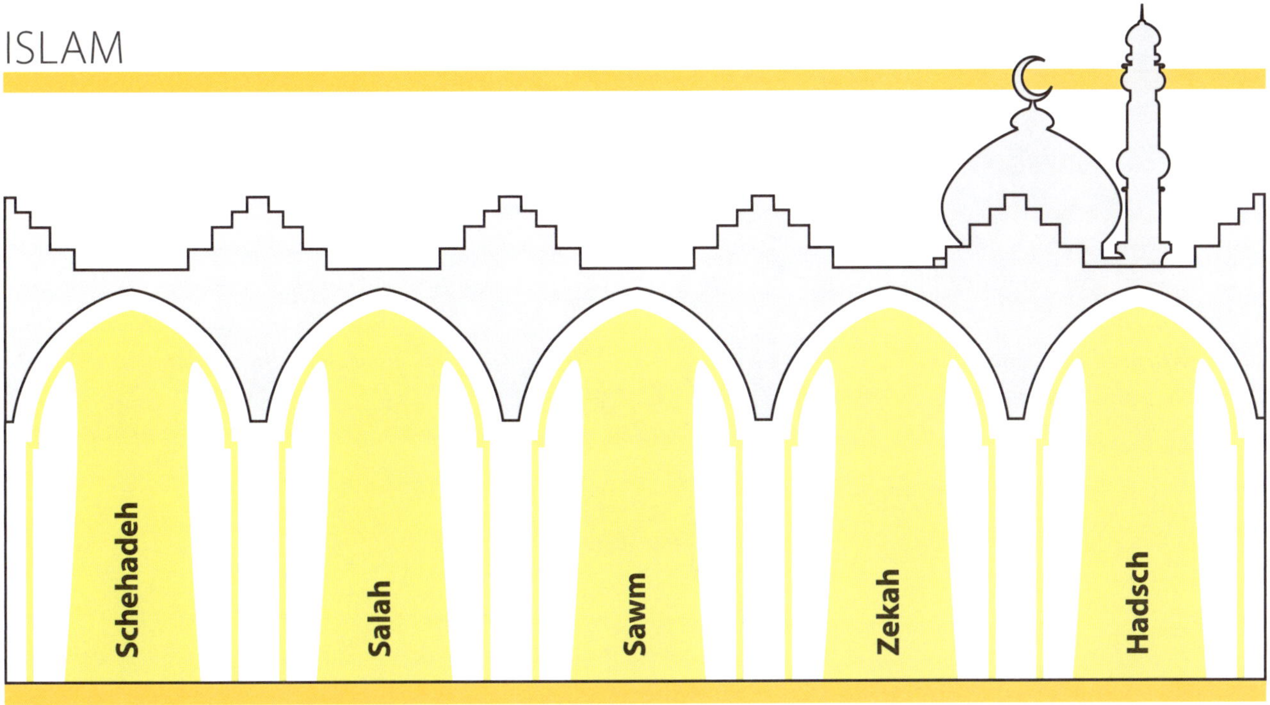

Die Grundpfeiler des Islam

Der edle Gesandte Muhammed ﷺ erläuterte die fünf Grundpfeiler des Islam folgendermaßen:

بُنِيَ الْإِسْلَامُ عَلَى خَمْسٍ: شَهَادَةِ أَنْ لَا إِلَهَ إِلَّا اللهُ وَأَنَّ مُحَمَّدًا رَسُولُ اللهِ وَإِقَامِ الصَّلَاةِ وَإِيتَاءِ الزَّكَاةِ وَالْحَجِّ وَصَوْمِ رَمَضَانَ

„Der Islam ist auf fünf (Grundpfeilern) errichtet: Dem Bekenntnis, dass es keine Gottheit außer Allah gibt und dass Muhammed der Gesandte Allahs ist. Und der Verrichtung des Salah (Gebet) und der Entrichtung des Zekah (Pflichtabgabe) und der Durchführung des Hadsch (Pilgerfahrt zum Hause Gottes, wenn man dazu gesundheitlich und finanziell in der Lage ist) und dem Sawm (Fasten) im (Monat) Ramadan."

(Bukhari: Iman, 2).

Neben diesen fünf Grundpfeilern gibt es zwar auch noch andere Ge- und Verbote, die ein Muslim zu befolgen hat, aber diese fünf sind die wichtigsten Gebote Allahs ﷻ. Deshalb wollen wir in diesem Buch unser besonderes Augenmerk auf diese richten.

Dschebel Nur, Mekka

Das Alter der Zurechnungsfähigkeit

Ab dem Zeitpunkt des Eintritts der Geschlechtsreife gelten Mädchen und Jungen als erwachsen. Deshalb sind sie dazu verpflichtet alle Ge- und Verbote Allahs ﷻ genauso zu befolgen, wie die anderen Erwachsenen auch. Das heißt ihre fünf täglichen Pflichtgebete verrichten, im Monat Ramadan fasten und alle anderen göttlichen Gesetze befolgen. Jungen erlangen die Geschlechtsreife in der Regel zwischen dem 12. und dem 15. Lebensjahr. Mädchen etwas früher, meist zwischen dem 9. und dem 15. Lebensjahr. Jungen sind vor Allah ﷻ vollverantwortlich (Mukellef), sobald sie ihren ersten Samenerguss gehabt haben; Mädchen, sobald bei ihnen ihre erste Periode eingesetzt hat. Dies sind die entscheidenden Kriterien für den Eintritt der Kinder in das Erwachsenenalter und dadurch sind die Kinder - unabhängig vom Alter - geschlechtsreif und vor Allah ﷻ vollverantwortlich für ihr Tun. Hat bei einem Mädchen mit dem Eintritt des 15. Lebensjahres noch keine Periode eingesetzt bzw. hatte ein Junge mit dem Eintritt des 15. Lebensjahres noch immer keinen Samenerguss, so sind beide - unabhängig von der Geschlechtsreife - ab diesem Zeitpunkt vollverantwortlich für ihr Handeln.

JUNGEN

12-15 Jahre
Ab dem ersten Samenerguss

MÄDCHEN

9-15 Jahre
Ab der ersten Periode

Mädchen und Jungen, die bei vollem Verstand sind, gelten als Mukellef (vollverantwortlich) für die Einhaltung der religiösen Ge- und Verbote, sobald sie ihre Geschlechtsreife erreicht haben.

DIE HANDLUNGEN DES MUKELLEF

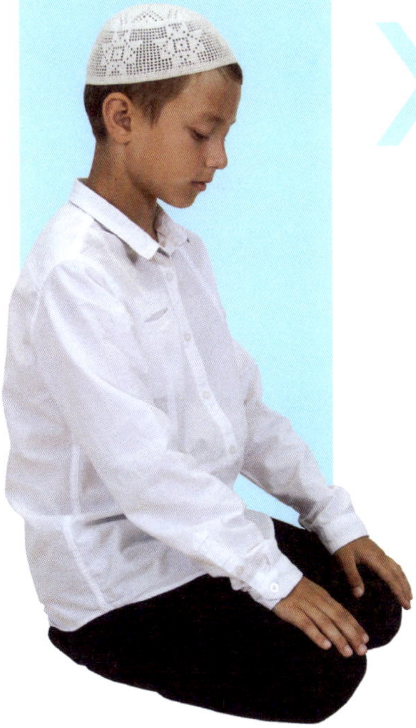

Verpflichtende Handlungen	Fard/Wadschib
Empfohlene Handlungen	Sunneh/Mustehab
Erlaubte Handlungen	Mubah
Verwerfliche Handlungen	Mekruh
Verbotene Handlungen	Haram
Zunichtemachende Handlungen	Mufsid

Im islamischen Recht unterscheidet man zwischen acht verschiedenen Arten von Handlungen eines Muslims. Ihr Unterscheidungsmerkmal ist der Grad ihrer Verbindlichkeit oder ihrer Verwerflichkeit: Zur Ausführung mancher dieser Handlungen ist der Muslim absolut verpflichtet, andere dieser Handlungen darf der Muslim auf keinen Fall durchführen. Manche Handlungen sind erlaubt, andere empfohlen und wieder andere verworfen. Darüberhinaus gibt es zunichtemachende Handlungen, die bereits begonnene Handlungen annullieren.

Das Schutzschild des Mu'min

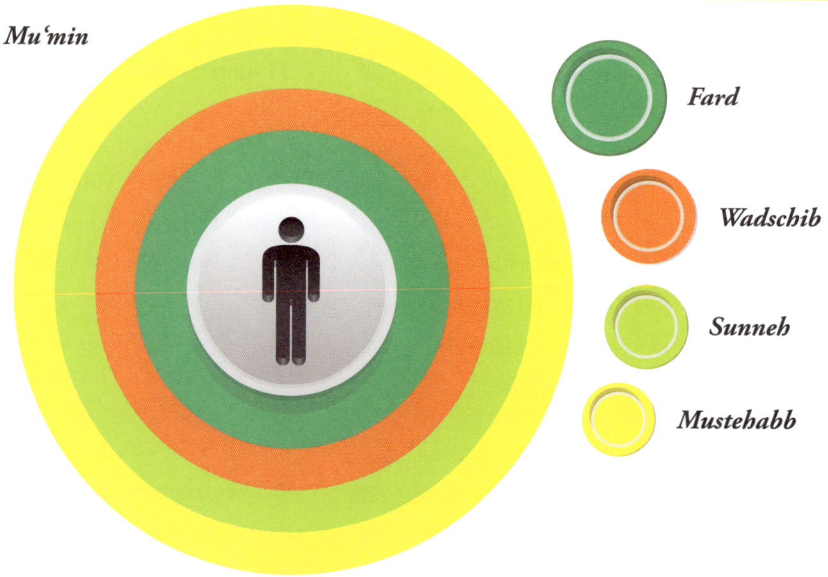

Die Handlungen des Mukellef

1 Fard (absolute Pflicht):

Dies ist eine Verpflichtung, die durch eindeutige und authentische Quellen - wie den Edlen Quran - oder durch besonders starke Überlieferungen des Propheten Muhammed ﷺ, absolut belegt ist. Das Verleugnen von Fard ist kufr und führt zum Austritt aus dem Glauben. Die absoluten Pflichthandlungen werden in zwei Kategorien unterteilt:

a) Fardul Ayn (individuelle Pflicht):

Dies sind Handlungen, die für jeden einzelnen Muslim absolut verpflichtend sind. Hierzu zählt beispielsweise die fünfmal tägliche Verrichtung des Salah (Gebet) oder das Sawm (Fasten) im Monat Ramadan.

b) Fardul Kifayehh (kollektive Pflicht):

Dies sind Handlungen, deren Ausführung für den Einzelnen nur begrenzt bindend sind, für die Gemeinschaft als Ganzes aber absolut verpflichtend. Wenn ein Teil der Gemeinschaft diese Handlungen ausführt, fällt die Verpflichtung dazu für den Rest der Gemeinschaft weg. Beispiele hierfür sind die Verrichtung des Salatul Dschenaze (Totengebet) oder die Verkündung des Islams.

2 Wadschib (Verpflichtung):

Dies sind Gebote Allahs ﷻ, die zwar eindeutig belegt sind, deren Belegkraft aber nicht die Stufe des Fard erreicht. Ihre Durchführung bringt göttlichen Lohn mit sich, ihre Unterlassung dagegen göttliche Strafe. Das Verleugnen von Wadschib ist eine große Sünde, führt aber nicht zum Austritt aus dem Glauben. Beispiele hierfür sind die Verpflichtung zur Teilnahme am Festtagsgebet und die Verrichtung des Witr-Gebetes.

3 Sunneh (prophetische Tradition):

Dies sind Bräuche des Propheten ﷺ, die auf seinen Aussagen, Handlungen oder seiner stillschweigenden Duldung basieren und deren Befolgung nicht als Fard oder Wadschib eingestuft werden. Darüberhinaus zählen die Bräuche der vier Rechtsgeleiteten Kalifen ebenfalls als Sunneh. Die Sunneh wird nochmals unterteilt in:

a) Sunneh Mue'kkedeh (starke prophetische Tradition):
Dies sind Handlungen des Propheten Muhammed ﷺ, die er selbst nur sehr selten ausgelassen hat und die er anderen sehr empfohlen hat, ohne sie zur Pflicht zu erheben. Hierzu zählen beispielsweise der Edhan (Gebetsruf), die Iqameh (Aufforderung zum Gebet), die Teilnahme am Gemeinschaftsgebet und die Sunneh-Gebete des Fedschr-, Dhuhr- und Maghrib-Gebets. Ihre Durchführung vervollkomnet die Religion und bringt göttlichen Lohn mit sich. Ihr unentschuldigtes Unterlassen bringt vom rechten Weg ab. Das beharrliche Unterlassen dieser Handlungen zieht zudem göttliche Strafe nach sich.

b) Sunneh ghayrul Mu'ekkedeh (nicht so starke prophetische Tradition):
Diese empfohlenen Handlungen hat unser Prophet Muhammed ﷺ manchmal ausgeführt und manchmal weggelassen. Hierzu zählen beispielsweise die Sunneh-Gebete vor dem Nachmittags- und dem Nachtgebet. Darüberhinaus gehören die individuellenden Handlungen des Propheten Muhammed ﷺ, wie seine Art sich zu kleiden, zu Essen usw. ebenfalls zur Sunneh ghayrul Mu'ekkedeh und werden „Sunen-i Zewaid" genannt.

4 Mustehabb (lobenswerte Handlung):
Die Mustehab werden auch als Mendub, Fadileh, Nafileh oder Edeb bezeichnet. Dies sind Handlungen, deren Ausführung von Allah ﷻ belohnt werden, deren Unterlassen aber von Allah ﷻ nicht bestraft wird. Hierzu zählen beispielsweise alle freiwilligen Salah, die nicht als Sunneh Mu'ekkedeh bewertet werden, sowie das freiwillige Sawm (Fasten) und das Geben von Sadeqah (Almosen).

5 Mubah (erlaubte Handlung):
Dies sind Handlungen, die weder von Allah ﷻ belohnt werden, wenn man sie ausführt, noch von Ihm ﷻ bestraft werden, wenn man sie unterlässt. Hierzu zählen beispielsweise das Essen, das Trinken und das Schlafen.

6 Haram (verbotene Handlung):
Dies sind absolut verbotene Handlungen, deren Verbot eindeutig aus dem Edlen Quran oder den authentischen Überlieferungen des Propheten Muhammed ﷺ hervorgeht. Hierzu zählen beispielsweise das Trinken von Alkohol, der Verzehr von Schweinefleisch, Diebstahl oder Mord. Das Begehen von Haram ist eine Sünde und zieht göttliche Strafe nach sich. Das Unterlassen von Haram bringt hingegen göttlichen Lohn mit sich. Das Verleugnen von Dingen, die eindeutig Haram sind, ist kufr und führt zum Austritt aus dem Islam.

7 Mekruh (verwerfliche Handlung):
Dies sind Taten, die entweder nahe am Verbot angesiedelt sind oder deren Unterlassen besser ist, als deren Ausführung. Die verwerflichen Handlungen werden in zwei Gruppen unterteilt:

a) Mekruh Tahrimen (sehr verwerfliche Handlung):
Diese Handlungen sind so verwerflich, dass sie an der Grenze zum Haram angesiedelt sind. Hierzu zählen beispielsweise das Unterlassen von Wadschib-Handlungen oder das Verrichten des Nachmittagsgebets zur Zeit des Sonnenuntergangs. Das Unterlassen von Mekruh Tahrimen bringt göttlichen Lohn mit sich. Ihre Durchführung wird mit einer Strafe geahndet, die unter der Strafe für Haram liegt.

b) Mekruh Tenzihen (nichtempfohlene Handlung):
Dies sind Handlungen, deren Ausführung zwar nicht empfohlen wird, aber deren Verwerflichkeitsgrad so gering ist, dass sie an der Grenze zum Erlaubten angesiedelt sind. Hierzu zählt beispielsweise das Unterlassen einer Mustehabb-Handlung.

8 Mufsid (zunichtemachende Handlung):
Dies sind Handlungen, die dazu führen, dass eine Ibadeh ungültig wird. Hierzu zählen beispielsweis das Reden während des Salah oder das absichtliche Essen während des Sawm (Fasten).

ARTEN DER VERUNREINIGUNGEN

RITUELLE VERUNREINIGUNGEN

MATERIELLE VERUNREINIGUNGEN

Tahareh (Reinheit)

Der Reinlichkeit wird im Islam ein sehr hoher Stellenwert beigemessen: Allah der Erhabene erwartet von einem Muslim sowohl die Reinheit seines Herzens als auch die Reinheit seines Körpers. Darüber hinaus akzeptiert Er bestimmte Ibadeh (gottesdienstliche Handlungen) Seines Dieners – wie beispielsweise das Salah– nur, wenn dieser sich im Zustand der rituellen Reinheit befindet. Für den Muslim ist es also sehr wichtig, sich mit den verschiedenen Reinigungsvorschriften gründlich zu befassen und diese genauestens zu befolgen, damit er das Wohlgefallen Allahs ﷻ erlangen kann.

In den folgenden Kapiteln wollen wir näher auf die islamischen Reinigungsvorschriften eingehen. Beginnen wollen wir mit den verschiedenen Arten der Nedschaseh (Verunreinigungen) und deren Auswirkungen auf den Vollzug der Ibadeh. Denn nur wer weiß, welche Stoffe zu Verunreinigungen des Körpers, der Kleidung oder der Gebetsstätte führen, kann sich vor diesen schützen und so seine Ibadeh im rituell reinen Zustand durchführen.

Arten der Verunreinigungen

Bestimmte Substanzen und Zustände gelten im Islam als unrein. Ein Mensch kann sowohl materiell verunreinigt sein, durch die Anhaftung von unreinen Substanzen an seinem Körper oder seiner Kleidung, als auch rituell unrein, durch den Eintritt in den Zustand der rituellen Unreinheit.

Die verschiedenen Arten der Verunreinigungen werden demnach in zwei Gruppen zusammengefasst:

1 Nedschaseh: (Materielle Verunreinigungen)
Dazu zählt die Verschmutzung des Körpers, der Kleidung oder der Gebetsstätte mit unreinen Substanzen (Nedschaseh).

2 Hadeth bzw. Dschenabeh: (Rituelle Unreinheit)
Dies ist ein unreiner Zustand, der durch den Austritt von körpereigenen Substanzen (wie Blut, Kot oder Urin) aus dem Körperinneren oder durch den Vollzug des Geschlechtsverkehrs oder den Austritt von Sperma herbeigeführt wird.

Nedschaseh
Die materiell verunreinigenden Stoffe (Nedschaseh) werden in zwei Gruppen unterteilt:

a) Starkverunreinigende Substanzen:
Folgende Substanzen gelten als starkverunreinigende Substanzen:

- Der Urin und der Kot von Tieren, deren Fleisch nicht verzehrt werden darf.*
- Der Kot von Vögeln, deren Verzehr erlaubt ist (wie Hühner, Enten und Gänse), sofern diese nicht in der Luft Kot fallen lassen und dabei einen Menschen treffen.**
- Der Speichel von Hunden, Schweinen und Landraubtieren (wie Füchse, Dachse und Wölfe).
- Der Urin, der Kot, das Sperma und das fließende Blut des Menschen.
- Die Kadaver von selbstverendeten oder nicht nach den islamischen Vorschriften geschlachteten Tieren.

Bei stark verunreinigenden Flüssigkeiten (wie menschlichem Urin) wird nur die Verunreinigung einer Fläche, die in etwa so groß wie die muldenförmige Einbuchtung der Handinnenfläche ist, geduldet. Wenn eine Fläche des Körpers des Betenden oder seiner Kleidung im Ausmaß der Einbuchtung der Handinnenfläche von einer stark verunreinigenden Flüssigkeit verunreinigt ist, ist die Verrichtung des Gebets für ihn mekruh tahrimen. Eine Verunreinigung in diesem Maße führt aber noch nicht dazu, dass das Gebet ungültig wird. Wenn eine Fläche des Körpers des Betenden oder seiner Kleidung von einer stark verunreinigenden Flüssigkeit verunreinigt ist, die kleiner als das Ausmaß der Einbuchtung der Handinnenfläche ist, ist die Verrichtung seines Gebets

* Geringe Mengen des Urins von Katzen und Mäusen werden geduldet, da diese häufig in den Häusern der Menschen vorzufinden sind und daher Verunreinigungen dieser Art nicht gänzlich zu vermeiden sind.
** Wenn sich der Kot dieser Vögel auf dem Boden befindet, lässt sich leichter der Kontakt damit vermeiden. Deshalb wird der Kot dieser Vögel als starkverunreinigend betrachtet, wenn er sich auf dem Boden befindet, hingegen nur als schwachverunreinigend, wenn diese Vögel in der Luft Kot fallen lassen und dabei eine Person treffen.

Die Reinheit ist die Hälfte des Glaubens.

Der Prophet Muhammed ﷺ

mekruh tenzihen. Feststoffliche stark verunreinigende Substanzen (wie menschlicher Kot) werden bis zum Gewicht einer Silbermünze (Dirhem), also ungefähr drei Gramm, geduldet. Größere Verunreinigungen führen zur Ungültigkeit des Salah.

b) Schwach verunreinigende Substanzen:
Folgende Substanzen gelten als schwachverunreinigend:

- Der Kot von Vögeln, deren Verzehr nicht gestattet ist, wie beispielsweise des Falken, des Habichts oder anderer Greifvögel.
- Der Urin und der Kot von Pferden, Kamelen, Schafen und anderen Nutztieren.
- Der Urin und der Kot von Wildtieren, deren Verzehr gestattet ist.

Solange weniger als ein Viertel des Körpers des Betenden, eines seiner Kleidungsstücke oder der Stelle auf der er betet durch schwachverunreinigende Stoffe verschmutzt ist, ist sein Salah gültig. Ist hingegen mehr als ein Viertel seines Körpers, seiner Kleidung oder der Stelle auf der er betet von solchen Substanzen verunreinigt, ist sein Salah ungültig. Auch wenn gewisse Verunreinigungen islamrechtlich geduldet sind, sollte man sich stets darum bemühen alle schwach- und stark verunreinigenden Substanzen von seinem Körper, seiner Kleidung oder seiner Gebetsstätte zu beseitigen. Dies sollte man auch dann tun, wenn es sich dabei um so geringe Mengen handelt, dass die Gültigkeit des Salah dadurch nicht beeinträchtigt wird. In Ausnahmesituationen wird die Verrichtung des Salah auch mit verunreinigter Kleidung geduldet.

Hadeth (Rituelle Unreinheit)
Der Zustand der rituellen Unreinheit erfordert entweder die Durchführung des Wudu (Teilkörperwaschung) (beispielsweise nach dem Gang auf die Toilette) oder des Ghusl (Ganzkörperwaschung) (beispielsweise nach dem Geschlechtsverkehr), bevor man Ibadeh, wie etwa das Salah, das Quranlesen oder den Tawaf (Umrundung der Kaaba), ausführen darf.

Die Vorbereitung auf den Wudu (Teilkörperwaschung)

Wer sich im Zustand der kleinen rituellen Unreinheit befindet, muss zuerst den Wudu durchführen, bevor er sein Salah verrichten darf. Damit die Gültigkeit des Wudu gewährleistet ist, ist es erforderlich, sich nach der Notdurft gründlich mit Wasser zu reinigen. Die Männer müssen nach dem Gang auf die Toilette zusätzlich dazu darauf achten, ihren Harnleiter komplett von Urinresten zu befreien (Istibra), bevor sie mit der Teilkörperwaschung beginnen. Die meisten Wesweseh (Zweifel), die während des Salah an der Gültigkeit der Gebetswaschung auftauchen, entstehen dadurch, dass man nach dem Toilettengang unachtsam war und sich nicht sicher ist, ob man seinen Harnleiter komplett von Urin entleert hat oder nicht.

Istibra

Der Begriff Istibra bedeutet „Befreiung, Sichfreimachen (von etwas)". Im islamischen Recht bezeichnet man damit die Befreiung des Harnleiters von Urinresten nach dem Toilettengang. Erst nachdem man seinen Harnleiter komplett von Urinresten befreit hat, darf man mit dem Wudu beginnen. Ansonsten besteht die Gefahr, dass nach der rituellen Reinigung nochmals Urin aus dem Harnleiter austritt und die rituelle Reinheit verlorengeht. Istibra ist nur den Männern vorgeschrieben. Frauen können gleich nach dem Toilettengang damit beginnen, ihren Wudu durchzuführen, da ihr Harnleiter anders beschaffen ist als der der Männer.

Verhalten auf der Toilette

Beim Betreten der Toilette sollte man darauf achten, dass man diese mit dem linken Fuß zuerst betritt. Beim Verlassen der Toilette sollte man wiederum darauf achten, dass man diese mit dem rechten Fuß zuerst verlässt.
Vor dem Betreten der Toilette sollte man folgendes Du'a (Bittgebet) sprechen:

اَللّٰهُمَّ اِنّى اَعُوذُ بِكَ مِنَ الْخُبْثِ وَالْخَبَائِثِ

„(O mein Herr,) ich suche meine Zuflucht bei Dir, vor den männlichen und den weiblichen Teufeln."

(Tirmidhi: Tahareh: 4).

Nach dem Verlassen der Toilette sollte man dieses Du'a sprechen:

اَلْحَمْدُ لِلّٰهِ الَّذِى اَذْهَبَ عَنِّى الْاَذٰى وَعَافَانِى

„Gelobt sei Allah, Der mich von den schädlichen (Überresten) befreite und es mir Wohl ergehen lässt."

Man sollte nicht im Stehen urinieren und sich weder mit seiner Vorder- noch mit seiner Rückseite der Qibleh (Gebetsrichtung) zuwenden. Nachdem man sich entleert hat, reinigt man sich gründlich von allen festen und flüssigen Verunreinigungen.
Auf der Toilette sollte nicht gesprochen werden und man sollte sich nicht länger auf der Toilette aufhalten, als dies unbedingt notwendig ist.

Die Pflichtbestandteile des Wudu

Beim Wudu (Teilkörperwaschung) gibt es vier Pflichthandlungen. Lässt man eine dieser vier Pflichthandlungen aus, ist der Wudu unvollständig und daher nicht gültig:

1. Das Waschen des Gesichts.
2. Das Waschen der Hände und der Unterarme, einschließlich der Ellbogen.
3. Das Bestreichen mindestens eines Viertels des Kopfes (bzw. des Kopfhaares) mit der nassen Hand.
4. Das Waschen der Füße, einschließlich der Fußknöchel.

Die Sunneh-Handlungen des Wudu

Der Wudu ist zwar auch ohne die Ausführung ihrer Sunneh-Handlungen gültig, aber die Ausführung der Sunneh ist sehr segensreich und wird von Allah ﷻ zusätzlich belohnt. Die Sunneh-Handlungen des Wudu sind die folgenden:

1 Man fasst die Absicht zur Durchführung des Wudu.

2 Man spricht die Besmeleh zu Beginn des Wudu. Darüber hinaus wird empfohlen, zu Beginn des Wudu folgendes Du'a zu sprechen:

بِسْمِ اللّٰهِ الْعَظِيمِ وَالْحَمْدُ لِلّٰهِ عَلٰى دِينِ الْاِسْلَامِ

"Mit dem Namen Allahs, des Allmächtigen (beginne ich mit der rituellen Waschung). Alles Lob gebührt Allah, (Der mich) zur (wahren) Religion des Islam (geführt hat)."

3 Man wäscht sich die Hände einschließlich der Handgelenke.

4 Man beginnt das Waschen der Hände und der Zehen bei den Finger- bzw. Zehenspitzen.

5 Man reinigt sich die Finger- und Zehenzwischenräume durch das Einführen der Finger in die Finger bzw. Zehenzwischenräume der Hand bzw. des Fußes, wobei man bei der Reinigung der Zehenzwischenräume den kleinen Finger der linken Hand benutzt.

6 Man reinigt den Mundraum von eventuellen Speiseresten mit einem Siwak (ein Zweig bzw ein Stück des Zahnbürstenbaumes).

7 Man spült sich den Mund dreimal aus, wobei man jedes Mal frisches Wasser mit der rechten Hand schöpft, zum Mund führt und es bis in den Rachenbereich laufen läßt.

8 Man spült sich die Nase dreimal aus, wobei man jedes Mal mit der rechten Hand frisches Wasser schöpft, zur Nase führt, bis zum Nasenbein hochzieht und sich die Nase mit der linken Hand reinigt.
Während des Fastens sollte man bei der Ausführung der Mund- und der Nasenspülung vorsichtig sein damit man dabei nicht versehentlich Wasser schluckt und dadurch sein Fasten bricht. Daher sollte man bei der Munsdspülung das Wasser nicht bis zum Rachenbereich laufen lassen und bei der Nasenspülung nicht bis zum Nasenbein hochziehen.

9 Hat man einen dichten Bart, so ist es Sunneh diesen nach dem Waschen des Gesichts mit einer Hand voll Wasser zu durchfeuchten.

10 Man wäscht die Hände, das Gesicht, die Arme und die Füße dreimal.

11 Man überstreicht beim waschen alle zu waschenden Körperteile.

12 Man beginnt die Waschung der Körperteile jeweils mit dem rechten Körperteil.

13 Man überstreicht die gesamte Kopfpartie mit den nassen Händen.

14 Man überstreicht die Ohren mit den feuchten Fingern.

15 Man überstreicht den Nacken mit den feuchten Fingern ohne aber dabei den Hals mit zu überstreichen.

16 Man wäscht die Körperteile ohne Unterbrechungen, sodass ein bereits gewaschenes Körperteil nicht trocknet bevor das nächste gewaschen wird.

17 Man befolgt bei der Waschung der Körperteile die Reihenfolge die im Edlen Quran aufgeführt wird.

Die Mustehabb-Handlungen (empfohlene Handlungen) des Wudu

Die empfohlenen Handlungen runden den Wudu ab und werden ebenfalls von Allah ﷻ belohnt. Diese sind die folgenden:

1 Man sollte vermeiden, dass während des Wudu Wasserspritzer auf die Kleidung gelangen. Daher ist es ratsam, ihn an einem Waschbecken durchzuführen, da hier das Wasser gut aufgefangen wird und deshalb wenig Wasser auf die Kleidung spritzt.

2 Wenn möglich, sollte man sich während des Wudu der Qibleh zuwenden.

3 Wer dazu in der Lage ist, die Waschung und Überstreichung beim Wudu selbständig durchzuführen, sollte dies auch tun und niemanden darum bitten, ihm dabei zu helfen. Es besteht aber kein Problem darin, dass jemand einem das Wasser für die Waschung über die Hände giesst.

4 Unnötige Gespräche sollten beim Wudu vermieden werden; es sollte nur gesprochen werden, wenn es unbedingt erforderlich ist.

5 Man sollte während des Wudu die vom Propheten Muhammed ﷺ und seinen Gefährten überlieferten Du'as (Bittgebete) sprechen.

6 Man sollte vor jeder Handlung während des Wudu die Besmeleh in überlieferter Form („*Bismillahil adhim wel hamdulillahi ala dini-l islam*“) sprechen.

7 Für Ringträger ist es mustehab einen Ring der nicht so eng anliegt so dass Wasser an die Haut unter dem Ring gelangen kann beim Händewaschen hin- und herzudrehen. Dadurch wird sichergestellt, dass auch die Haut unter dem Ring mit Wasser in Berührung kommt. Sollte der Ring aber so eng anliegen, dass normalerweise kein Wasser an die Haut unter dem Ring gelangt, wird dies zur Pflicht.

8 Man sollte die Füße mit der linken Hand waschen.

9 Der Wudu sollte – als Teil der Vorbereitung auf das bevorstehende Salah – bereits vor Eintritt der Gebetszeit durchgeführt werden.

10 Nach dem Wudu sollte man sich der Qibleh zuwenden und die Kelimetu Schehade (Glaubensbekenntnis) sprechen.

11 Wenn man nicht fastet, sollte man etwas von dem Wasser trinken, das beim Wudu übriggeblieben ist (sofern dieses aus einem Behälter entnommen wurde) und folgendes Du'a sprechen:

اَللّٰهُمَّ اجْعَلْنِى مِنَ التَّوَّابِينَ وَاجْعَلْنِى مِنَ الْمُتَطَهِّرِينَ

„O Herr. Lass mich zu den Reumütigen und den Geläuterten gehören!“

12 Nach Vollendung des Wudu sollte man ein Salah mit zwei Rek'ah (Gebetseinheiten) verrichten, sofern man sich nicht gerade in der Keraheh-Zeit* befindet.

*** Zeiten in denen die Verrichtung des Salah sehr verwerflich (Mekruh tahrimen) ist.**

Die Durchführung des Wudu

Man wendet sich der Qibleh zu und fasst folgende Absicht:

„Für das Wohlgefallen Allahs ﷻ beabsichtige ich, den Wudu durchzuführen."

Danach sucht man seine Zuflucht beim Erhabenen Allah vor dem verfluchten Scheytan und spricht die Besmeleh.

1 Waschen der Hände

Man wäscht sich die Hände. Dabei spricht man folgendes Du'a:

بِسْمِ اللّٰهِ الْعَظِيمِ وَالْحَمْدُ لِلّٰهِ عَلٰى دِينِ الْاِسْلَامِ

„Mit dem Namen Allahs, des Allmächtigen (beginne ich mit dem Du'a). Alles Lob gebührt Allah, (Der mich) zur (wahren) Religion des Islam (geführt hat)."

2 Spülen des Mundes

Man spült sich den Mund aus. Dabei spricht man folgendes Du'a:

اَللّٰهُمَّ اَعِنّي عَلٰى تِلاوَةِ الْقُرْاٰنِ وَذِكْرِكَ وَشُكْرِكَ وَحُسْنِ عِبَادَتِكَ

„O Allah! Hilf mir dabei, den Quran zu lesen, Deiner zu gedenken, Dir zu danken und Dir gut zu dienen."

3 Spülen der Nase

Man spült sich die Nase aus. Dabei spricht man folgendes Du'a:

اَللّٰهُمَّ اَرِحْني رَائِحَةَ الْجَنَّةِ وَلَا تُرِحْني رَائِحَةَ النَّارِ

„O Allah! Lass mich den Duft des Paradieses atmen und nicht den Gestank der Hölle."

4 Waschen des Gesichts

Man wäscht sich das Gesicht. Dabei spricht man folgendes Du'a:

اَللّٰهُمَّ بَيِّضْ وَجْهِي يَوْمَ تَبْيَضُّ وُجُوهٌ وَتَسْوَدُّ وُجُوهٌ

„O Allah! Lass mein Gesicht an jenem Tage erstrahlen, an dem (manche) Gesichter erstrahlen und sich (andere) Gesichter verfinstern."

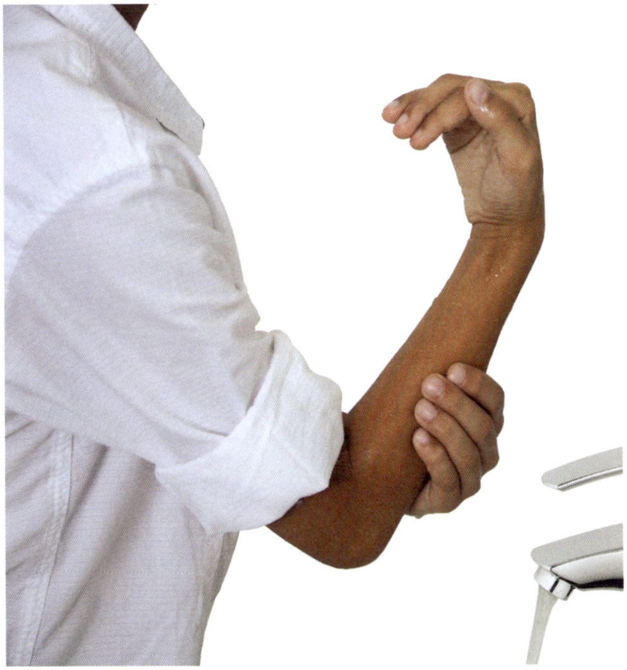

5 Waschen des rechten Armes

Man wäscht sich den rechten Arm einschließlich der Ellenbogen. Dabei spricht man folgendes Du'a:

اَللّٰهُمَّ اَعْطِنِي كِتَابِي بِيَمِينِي وَحَاسِبْنِي حِسَابًا يَسِيرًا

„O Allah! Überreiche mir mein Buch von meiner rechten Seite und mach mir die Abrechnung leicht."

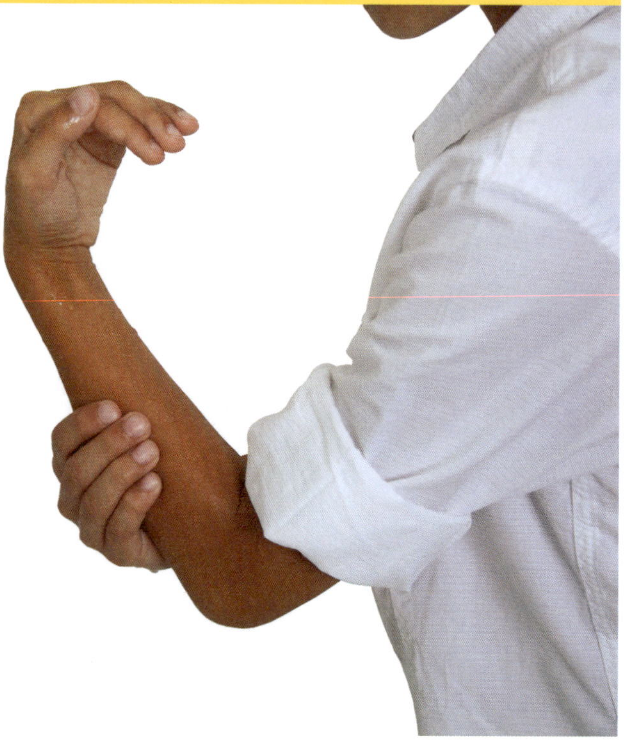

6 Waschen des linken Armes

Man wäscht sich den linken Arm. Dabei spricht man folgendes Du'a:

اَللّٰهُمَّ لَا تُعْطِنِي كِتَابِي بِشِمَالِي وَلَا مِنْ وَرَاءِ ظَهْرِي

„O Allah! Überreiche mir mein Buch nicht von meiner linken Seite und nicht von hinter meinem Rücken."

7 Überstreichen des Kopfes

Man überstreicht seinen Kopf mit Wasser. Dabei spricht man folgendes Du'a:

اَللّٰهُمَّ اَظِلَّنِي تَحْتَ ظِلِّ عَرْشِكَ يَوْمَ لَا ظِلَّ اِلَّا ظِلُّ عَرْشِكَ

„O Allah! Beschatte mich unter Deinem Thron an jenem Tage, an dem es keinen Schatten außer dem Schatten Deines Thrones gibt."

8 **Reinigen der Ohren**

Man reinigt seine Ohren und überstreicht diese. Dabei spricht man folgendes Du'a:

اَللّٰهُـمَّ اجْعَلْنـي مِـنَ الَّذيـنَ يَسْـتَمِعُونَ الْقَـوْلَ فَيَتَّبِعُـونَ اَحْسَـنَهُ

„O Allah! Lass mich zu denen gehören, die gehorchen und sich aufs Beste fügen."

9 **Überstreichen des Nackens**

Man überstreicht seinen Nacken. Dabei spricht man folgendes Du'a:

اَللّٰهُمَّ اَعْتِقْ رَقَبَتي مِنَ النَّارِ

„O Allah! Rette meinen Hals vor dem Feuer."

10 Waschen des rechten Fußes

Man wäscht sich den rechten Fuß. Dabei spricht man folgendes Du'a:

اَللّٰهُمَّ ثَبِّتْ قَدَمَيَّ عَلَى الصِّرَاطِ يَوْمَ تَزِلُّ الْاَقْدَامُ

„O Allah! Lass meine Füße auf der Brücke (Sirat) standhaft bleiben an jenem Tage, an dem die Füße ausgleiten."

11 Waschen des linken Fußes

Man wäscht sich den linken Fuß. Dabei spricht man folgendes Du'a:

اَللّٰهُمَّ اجْعَلْ ذَنْبِي مَغْفُوراً وَسَعْيِي مَشْكُوراً وَتِجَارَتِي لَنْ تَبُورَ

„O Allah! Verzeih mir meine Sünden, belohne meine Bemühungen und lass meinen Handel (d.h. meine frommen Taten) niemals ertraglos sein."

12 **Trinken des Wudu-Wassers**

Anschließend trinkt man vom Wasser, das beim Wudu übrig geblieben ist (falls das Wasser aus einem Behälter entnommen wurde) und spricht folgendes Du'a:

اَللّٰهُمَّ اجْعَلْنِى مِنَ التَّوَّابِينَ وَاجْعَلْنِى مِنَ الْمُتَطَهِّرِينَ

„O Allah! Lass mich zu den Reumütigen und zu den Geläuterten gehören!"

Danach spricht man die Kelimetu Schehadeh (Glaubensbekenntnis):

اَشْهَدُ اَنْ لَا اِلٰهَ اِلَّا اللّٰهُ وَاَشْهَدُ اَنَّ مُحَمَّدًا عَبْدُهُ وَرَسُولُهُ

„Ich bezeuge, dass es keinen Gott außer Allah gibt und ich bezeuge, dass Muhammed Sein Diener und Sein Gesandter ist."

Wenn man die Zeit dazu hat, kann man nach der Teilkörperwaschung ein freiwilliges Salah mit zwei Rek'ah (Gebetseinheiten) verrichten. Wer all die oben genannten Punkte beachtet, führt seinen Wudu entsprechend den islamischen Anstandsregeln aus und bereitet sich auf beste Weise auf das Salah vor.

O die ihr glaubt! Wenn ihr zum Gebet hintretet, wascht euer Gesicht und eure Hände mit den Ellbogen zusammen und fährt euch über den Kopf und wascht eure Füße mit den Knöcheln zusammen...

El-Ma'ideh 5/6

Handlungen, die ohne Wudu nicht ausgeführt werden dürfen

- Das Verrichten des Salah.
- Das Berühren des Edlen Quran oder das Berühren eines einzelnen Quranverses.
- Die Ausführung einer Sedschdetu Tilaweh (Rezitations-Niederwerfung), wenn man zuvor einen sog. Sedschdeh-Vers aus dem Edlen Quran rezitiert oder mit angehört hat.
- Die Durchführung des Tawaf (Die Umrundung der Kaaba).

Es ist Mustehabb (erwünscht), folgende Tätigkeiten nur im Zustand der rituellen Reinheit auszuführen:

- Die Teilnahme am islamischen Religionsunterricht.
- Die Rezitation von Quranversen aus dem Gedächtnis oder aus dem Edlen Quran, ohne diesen dabei zu berühren.
- Das Anhören religiöser Vorträge.
- Das Dhikr (Gottgedenken).
- Den Besuch einer Moschee.

Die Mekruh-Handlungen (Verwerfliche Handlungen) des Wudu

- Wasserverschwendung. Verschwendung bedeutet, dass man unnötig mehr Wasser verwendet als zur Teilkörperwaschung vonnöten ist oder die zu waschenden Körperteile mehr als dreimal wäscht.
- Geiz beim Wasserverbrauch. Geiz bedeutet, dass man so sehr mit dem Wasser spart, dass das Wasser nur tröpfchenweise an die Haut gelangt oder man die zu waschenden Körperteile weniger als dreimal wäscht.
- Das Wasser mit den Händen heftig ins Gesicht oder auf die Körperteile zu klatschen.
- Das unnötige Reden während der Teilkörperwaschung.
- Die Zuhilfenahme anderer Personen beim Waschen bzw. Überstreichen, wenn man dazu auch alleine in der Lage ist.
- Die Durchführung der Teilkörperwaschung an einem verunreinigten Ort.
- Das Unterlassen einer der *Sunneh*-Handlungen bei der Teilkörperwaschung.

Wahrlich, er (Satan) hat keine Macht über die, welche gläubig sind und auf ihren Herrn vertrauen.

En-Nahl 16/99

Faktoren, die dazu führen, dass der Wudu erneuert werden muss

- Austritt von Blähungen.
- Alle Arten von Ausscheidungen aus dem After oder der Harnröhre, wie beispielsweise Kot oder Urin.
- Der Austritt von Blut oder trüben Flüssigkeiten (wie Flüssigkeiten, die mit Blut vermischt sind oder Eiter), egal von welcher Stelle des Körpers diese auch austreten mögen.
- Ein Mundvoll Erbrochenes. Ist die Menge des Erbrochenen geringer als ein Mundvoll, dann muss der Wudu nicht erneuert werden. Das Erbrechen von Schleim führt ebenfalls nicht dazu, dass der Wudu erneuert werden muss.
- Zahnfleischbluten oder andere Blutungen im Mundraum. Wenn mehr als die Hälfte der Spucke aus Blut besteht, dann muss der Wudu erneuert werden, wenn mehr als die Hälfte der Spucke aus Speichel besteht, dann muss sie nicht erneuert werden.
- Schlafen. Wer im Liegen geschlafen hat, muss sein Wudu erneuern, selbst wenn er nur ganz kurz eingeschlafen ist. Wer im Schneidersitz oder auf seinen Unterschenkeln sitzend einschläft der muss seinen Wudu nicht erneuern.
- Ohnmacht. Wer aus einer Ohnmacht erwacht, muss seinen Wudu erneuern.
- Wahnsinn (d. h. dass man seine Zurechnungsfähigkeit verloren hat). Wenn man seinen Zurechnungsfähigkeit wiedererlangt hat, muss man sein Wudu erneuern, bevor man Ibadeh verrichten darf, die den Wudu erfordern.
- Trunkenheit.
- Lautes Lachen im Salah. Laut bedeutet hier, dass das Lachen von den Nebenbetenden im Salah gehört werden kann.
- Für Personen im Udhr-Zustand: Der Anbruch einer neuen Gebetszeit.
- Wer Teyemmum (Erdwaschung) vorgenommen hat (weil ihm nicht ausreichend Wasser für die Durchführung des Wudu zur Verfügung stand), danach aber ausreichend Wasser vorfindet, um den Wudu durchführen zu können, muss den Wudu durchführen, um Ibadeh verrichten zu dürfen, die den Wudu voraussetzen.

Der Ghusl (Ganzkörperwaschung)

Wer den Geschlechtsakt vollzogen oder Samenflüssigkeit bzw. weibliches Ejakulat ausgesondert hat, tritt in den Zustand der großen rituellen Unreinheit (Hadethul Ekber) ein. In diesem Zustand dürfen bestimmte Ibadeh, wie beispielsweise die Verrichtung des Salah, nicht ausgeführt werden. Bevor man solche Ibadeh ausführt, muss man den Ghusl durchführen. Frauen befinden sich darüber hinaus ebenfalls im Zustand des Hadethul Ekber, wenn sie sich in der Hayd (Menstruation) oder im Zustand des Nifas (Wochenbett) befinden. Sie müssen, nach dem Abklingen ihrer Blutungen, den Ghusl durchführen, bevor sie wieder das Salah verrichten oder bestimmte andere Ibadeh ausführen dürfen. Beim Ghusl ist darauf zu achten, dass der gesamte Körper – von Kopf bis Fuß – gewaschen wird. Im Edlen Quran heißt es dazu:

وَإِنْ كُنْتُمْ جُنُبًا فَاطَّهَّرُوا

„Und wenn ihr Dschunub* seid, so reinigt euch.“
(El-Ma'ideh, 5/6).

Die Pflichtbestandteile des Ghusl

Die Pflichtbestandteile des Ghusl sind die folgenden:

1. Das einmalige Ausspülen des Mundes.
2. Das einmalige Ausspülen der Nase.
3. Das einmalige Waschen des gesamten Körpers, wobei alle Körperteile mit Wasser in Berührung kommen müssen.

Es gehört ebenfalls zu den Pflichten des Ghusl, eventuell vorhandene Ohrringlöcher sowie das Innere des Bauchnabels zu reinigen. Männer müssen ihre Haarzöpfe vor der Durchführung des Ghusl öffnen. Auch die Haut unter der Kopfbehaarung, den Augenbrauen und dem Bart muss befeuchtet werden. Wenn Frauen ihre Kopfhaut trotz ihrer geflochtenen Haarzöpfe mit Wasser benetzen können, müssen sie ihre Haarzöpfe nicht öffnen.

*** Mit Dschunub bezeichnet man eine Person im Zustand der großen Unreinheit (Hadethul Ekber), die durch den Vollzug des Geschlechtsverkehrs oder den Austritt von Samenflüssigkeit verursacht wird.**

Ibadeh

...Allah liebt die sich Bekehrenden und liebt die sich Reinhaltenden.

El-Baqarah 2/222

Die Sunneh-Handlungen des Ghusl

Die Sunneh-Handlungen des Ghusl sind die folgenden:

1 Das Fassen der Absicht zur Durchführung des Ghusl.

2 Das dreimalige Waschen der Hände, bis zu den Handgelenken, vor dem Ghusl.

3 Das Entfernen von Unreinheiten am Körper vor dem Ghusl.

4 Das Waschen des Geschlechtsbereichs vor dem Ghusl.

5 Die Durchführung des Wudu vor dem Ghusl.

6 Das dreimalige Übergießen des Kopfes sowie der rechten und der linken Schulter mit Wasser und die anschließende gründliche Waschung des gesamten Körpers.

7 Das Durchführen des Ghusl an einem Ort, an dem man nicht gesehen werden kann, sowie das Bedecken des Schambereichs während der Waschung.

8 Das Schweigen während des Ghusl.

9 Das Abtrocknen nach dem Ghusl.

(Wer) nicht rein ist, (dessen) Salah (Gebet) wird (vom Erhabenen Allah) nicht angenommen.

Der Prophet Muhammed ﷺ

Die Durchführung des Ghusl

Man betritt den Ort, an dem der Ghusl durchgeführt werden soll, mit dem linken Fuß zuerst. Dabei spricht man dasselbe Du'a, das man auch beim Betreten der Toilette spricht. Anschließend spricht man mit seinem Herzen die Besmeleh und fasst die Absicht, sich vom Hadethul Ekber (Zustand der rituellen Unreinheit) durch die Durchführung des Ghusl zu befreien.

Führt man den Ghusl aus einem anderen Grund als der Befreiung vom Zustand der großen rituellen Unreinheit aus, dann fasst man lediglich die Absicht zur Durchführung des Ghusl.

Als erstes wäscht man sich die Hände bis zu den Handgelenken. Anschließend reinigt man seine Geschlechtsteile. Sollten sich am Körper Schmutz oder andere Anhaftungen (wie z.B. Pflaster oder Klebstoff) befinden, so entfernt man diese. Danach wäscht man sich die Hände und spült sich den Mund dreimal aus. Falls man nicht fastet, gurgelt man dabei. Außerdem sollte darauf geachtet werden, dass alle Speisereste aus dem Mund entfernt werden.

Danach spült man sich dreimal die Nase aus und schnäuzt diese mit der linken Hand aus. Dann führt man wie gewohnt den Wudu durch. Dabei genügt es, die Füße erst am Ende des Ghusl zu reinigen, wenn man diesen an einem Ort durchführt, an dem sich das Waschwasser sammelt (wie in einer Dusch- oder Badewanne). Schließlich wird der gesamte Körper gewaschen. Dabei achtet man darauf, dass die Ohrlöcher, der Bauchnabel, die Haut unter dem Kopfhaar und dem Bart, sowie die Ohrringlöcher ebenfalls mit Wasser in Kontakt kommen.

Sollten sich Wunden am Körper befinden, so ist es nicht notwendig, diese abzureiben. Entweder benetzt man sie mit Wasser oder man überstreicht sie vorsichtig mit der feuchten Hand. Sollte auch das Überstreichen schaden, dann berührt man die Wunden nicht, sondern benetzt sie lediglich mit Wasser. Dabei sollte man alles vermeiden, was den Wunden Schaden zufügen könnte. Sollten die Wunden mit einem Verband bedeckt sein, dann wird dieser mit der feuchten Hand überstrichen, sofern dies den Wunden nicht schadet bzw. deren Heilungsprozess nicht unnötig verzögert.

Es ist Sunneh, an Freitagen, islamischen Festtagen und vor dem Eintritt in den Ihram (Weihezustand der Pilgerfahrt), den Ghusl durchzuführen.

Vor dem Ablegen der Tewbeh (Reuebekenntnisses) wird es ebenfalls empfohlen (Mustehabb), den Ghusl durchzuführen und anschließend ein Salah mit zwei Rek'ah (Gebetseinheiten) zu verrichten.

Umstände, die die Durchführung des Ghusl erforderlich machen

Die meisten Ibadeh machen es erforderlich, dass Personen, die sich im Zustand der großen rituellen Unreinheit (Hadethul Ekber) befinden, vor deren Ausführung eine Ganzkörperwaschung durchführen.

Der Zustand des Hadethul Ekber tritt in folgenden Situationen ein:

- Durch den Vollzug des Geschlechtsakts (egal ob es hierbei zum Samenerguss gekommen ist oder nicht).
- Durch den Austritt von Samenflüssigkeit (zum Beispiel durch einen feuchten Traum).
- Mit dem Einsetzen der Hayd (Menstruation).
- Mit dem Beginn des Nifas (Wochenbetts).

Den Zustand des Hadethul Ekber nennt man Dschenabeh, wenn dieser durch den Vollzug des Geschlechtsakts oder durch den Austritt von Samenflüssigkeit auf eine andere Art und Weise verursacht wurde. Eine Person, die sich im Zustand der Dschenabeh befindet, nennt man Dschunub.
Menstruierende Frauen oder Frauen im Wochenbett befinden sich solange im Zustand des Hadethul Ekber, bis sie – nach dem vollständigen Abklingen ihrer Monats- oder Wochenbettblutungen – den Ghusl durchgeführt haben.

Handlungen, die im Zustand des Hadethul Ekber verboten sind:

- Das Verrichten des Salah.
- Die Rezitation des Edlen Quran (dabei darf man weder direkt aus dem Edlen Quran rezitieren, noch auswendiggelernte Quranverse aus dem Gedächtnis vortragen). Im Zustand der großen rituellen Unreinheit darf man aber der Rezitation des Edlen Quran zuhören und bestimmte Dhikr-Formeln, wie Bismillah, Elhamdulillah, Allahu Ekber und Estaghfirullah aufsagen. Das Aussprechen von Salewat (Segensgrüßen) auf den Gesandten Allahs – Allahs Segen und Friede seien auf ihm, – ist ebenfalls erlaubt.
- Quranlehrerinnen, die ihre Monats- oder Wochenbettblutungen haben, dürfen den Edlen Quran auch in diesem Zustand lehren, sofern sie die Quranverse nicht als durchgängigen Text, sondern Wort für Wort, vortragen, ohne ihn zu berühren.
- Die Umrundung der Kaaba.
- Das Betreten oder das Durchqueren einer Gebetsstätte oder eines Gebetsraumes, außer wenn dies unbedingt erforderlich sein sollte. Wenn man sich im Zustand der großen rituellen Unreinheit befindet, sollte man sich die Hände waschen und den Mund ausspülen, bevor man isst oder trinkt. Außerdem sollte man den Wudu durchführen, bevor man sich im Zustand der großen rituellen Unreinheit zum Schlafen hinlegt.

Der Teyemmum

Der Teyemmum ist die rituelle Erdwaschung oder Ersatzwaschung. Der Teyemmum ist eine Ersatzhandlung für den Wudu oder den Ghusl, wenn:

- nicht genügend Wasser zur Ausführung des Wudu oder des Ghusl zur Verfügung steht,
- die begründete Befürchtung besteht, dass das Waschen mit Wasser zu gesundheitlichen Schäden oder einer Verzögerung des Heilungsprozesses führen wird.

Beim Teyemmum fährt man als erstes mit beiden Handflächen über reine Erde, Stein oder Sand. Danach klopft man eventuell haftengebliebene Erdreste von den Händen ab und überstreicht anschließend mit den Handflächen das Gesicht und die Arme.

Die Pflichtbestandteile des Teyemmum

1 Das Fassen der Absicht.

2 Das Überstreichen von reiner Erde (oder ähnlichen Materialien, wie Stein, Sand oder Lehm) mit den Handflächen und das anschließende Überstreichen des Gesichts.

3 Das Überstreichen von reiner Erde (oder ähnlichen Materialien) mit den Handflächen und das anschließende Überstreichen der Arme.

Der Teyemmum kann – wenn die oben genannten Entschuldigungsgründe vorliegen – sowohl als Ersatz für den Wudu als auch für den Ghusl durchgeführt werden. Nach der Durchführung des Teyemmum kann man so viele Pflichtsalah und so viele freiwillige Salah verrichten, wie man möchte. Alle Umstände, die den Wudu ungültig werden lassen, lassen auch den Teyemmum ungültig werden. Hat man den Teyemmum durchgeführt, weil man nicht genug Wasser für die Durchführung der rituellen Reinigung zur Verfügung hatte, dann verliert der Teyemmum seine Gültigkeit, sobald der Wassermangel behoben und wieder genügend Wasser zur Durchführung des Wudu bzw. des Ghusl vorhanden ist. Hat man den Teyemmum durchgeführt, weil eine Notsituation, wie Krankheit oder Verwundung, die eine Waschung mit Wasser unmöglich machte, vorlag, dann wird der Teyemmum ab dem Moment ungültig, ab dem diese Notsituation behoben ist (also die Wunden soweit abgeheilt sind, dass man sie wieder mit Wasser benetzen kann oder die Krankheit soweit abgeklungen ist, dass man keine gesundheitlichen Einschränkungen durch die Durchführung des Wudu oder des Ghusl zu befürchten hat.

Die Durchführung des Teyemmum

1 Fassen der Absicht

Als erstes fasst man die Absicht dazu, den Teyemmum durchzuführen. Dabei legt man gleichzeitig fest, für welche Ibadeh der Teyemmum durchgeführt werden soll.

Beispiel: „*Ich fasse die Absicht, zum Wohlgefallen Allahs ﷻ, die Erdwaschung durchzuführen, um das Gebet zu verrichten.*“

Dabei genügt es, die Absicht mit dem Herzen zu fassen; wenn man will, kann man diese aber auch in Worte aussprechen.

2 Aufdrücken der Handflächen

Anschließend sucht man seine Zuflucht beim Erhabenen Allah vor dem verfluchten Scheytan und spricht die Besmeleh.

Danach drückt man beide Handflächen leicht auf die Erde und schiebt diese vor und zurück. Dabei spreizt man leicht die Finger.

3 Abklopfen der Hände

Anschließend hebt man die Hände an und stößt diese leicht gegeneinander, um eventuell anhaftende Erdreste abzuklopfen.

4 Bestreichen des Gesichtes

Dann überstreicht man mit beiden Handinnenflächen das Gesicht.

5 Überstreichen der Arme

Danach drückt man die Hände ein weiteres Mal auf die Erde, schiebt diese wieder hin und her, klopft die Hände leicht aneinander und überstreicht mit der Handinnenfläche der linken Hand den rechten Arm.

Dabei beginnt man beim Handrücken und streicht von diesem hoch bis zum Ellenbogen und von dort auf der Innenseite des Armes wieder zurück bis zur Innenseite der Hand.

Danach überstreicht man auf dieselbe Weise mit der rechten Hand den linken Arm.

Dauer der Regelblutung (in Tagen)

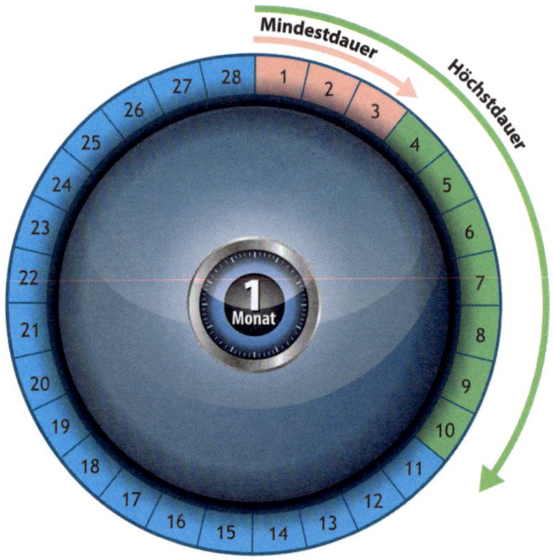

Blutungen der Frauen

Es gibt drei spezielle Arten der Blutungen bei Frauen:

- Hayd (Regelblutungen).
- Nifas (Wochenbettblutungen).
- Istihadeh (Zwischenblutungen).

Wie man erkennen kann, um welche Art der Blutung es sich handelt und wie man sich richtig zu verhalten hat, wenn diese Blutungen auftreten, soll im Folgenden kurz erläutert werden:

Hayd (Regelblutung)

Bei Regelblutungen handelt es sich um Blutungen, die ihren Ursprung in der Gebärmutter der Frau haben. Mit der Menarche eines Mädchens, also mit ihrer ersten Regelblutung, setzt deren Geschlechtsreife ein. Dies geschieht frühestens mit neun Jahren. Blutungen die vor diesem Alter auftreten gelten nicht als Monats- sondern als Zwischenblutungen. Sobald ihre erste Monatsblutung eingesetzt hat, gilt ein Mädchen – religiös betrachtet – als Mukellefeh (Erwachsene). Die Regelblutungen enden mit der Menopause. Frauen kommen für gewöhnlich spätestens mit fünfundfünfzig Jahren in die Menopause. Eine Blutung gilt erst dann als Menstruation, wenn sie mindestens drei Tage lang andauert. Die Höchstdauer der Menstruation beträgt zehn Tage. Dabei spielt es keine Rolle, ob dabei das Blut fortwährend fließt oder nicht. Es ist ganz normal, dass während der Menstruation das Blut nicht fortwährend fließt, sondern dass die Blutungen zwischenzeitlich immer wieder aussetzen. Die Dauer der Periode beträgt also drei bis zehn Tage und ist nicht bei allen Frauen gleich lang. Ferner wird vorausgesetzt, dass zwischen zwei Monatsblutungen mindestens 15 Tage vergangen sein müssen. Außerdem kann sich die Dauer der Monatsblutungen im Laufe des Lebens einer Frau auch immer wieder einmal verändern. Solange die Blutungen während der Menstruation noch nicht vollständig abgeklungen sind, gilt die Regel der Frau noch nicht als beendet. Das Menstruationsblut kann die Farben schwarz, rot, grün, gelb, grau oder braun annehmen. Meist ist das Blut zu Beginn der Periode eher dunkel und zu deren Ende hin wird es immer heller. Bei vielen Frauen zeigt das Ausscheiden eines klaren Sekrets das Ende der monatlichen Blutungen an. Die Frau muss ihrem Ehemann wahrheitsgemäß Auskunft darüber erteilen, ob sie ihre Periode hat oder nicht: Sie darf ihm ihre Regel nicht verheimlichen, wenn sie diese hat und ihm diese nicht vortäuschen, wenn sie diese nicht hat.

Nifas (Wochenbettblutung)

Blutungen, die nach einer Entbindung auftreten, werden „Wochenbettblutungen" genannt. Die Höchstdauer des Wochenbetts beträgt 40 Tage. Eine Mindestdauer für das Wochenbett gibt es nicht. So gilt jede Blutung, die nach der Geburt auftritt, als Wochenbettblutung, auch wenn sie nur einen kurzen Zeitraum lang andauert. Enden die Wochenbettblutungen einer Frau vor der Vierzigtagesfrist, also beispielsweise nach zehn, fünfzehn oder zwanzig Tagen, dann führt sie die Ghusl (Ganzkörperwaschung) durch und verrichtet danach wieder wie gewohnt ihr Salah. Ab diesem Zeitpunkt darf sie auch wieder mit ihrem Ehemann geschlechtlich verkehren. Wenn bei einer Frau nach der Entbindung keine Wochenbettblutungen auftreten, dann sollte sie trotzdem sicherheitshalber die Ghusl durchführen, bevor sie ihr erstes Salah nach der Entbindung verrichtet.

*** Quranverse dürfen nur dann rezitiert werden, wenn diese die Funktion eines Bittgebetes haben und als Bittgebet rezitiert werden. Darüber hinaus ist es den Frauen aber gestattet, Allah ﷻ zu gedenken (Dhikr), Segenswünsche an den Propheten Muhammed ﷺ auszusprechen und religiöse Bücher zu lesen.**

Handlungen, die während der Periode und des Wochenbetts verboten sind

- Das Verrichten des Salah.
- Das Fasten.
- Das Berühren des Edlen Quran und dessen Rezitation sowie das Aufsagen von Quranversen aus dem Gedächtnis.*
- Das Betreten von Gebetsstätten.
- Die Umrundung der Kaaba.
- Der Geschlechtsverkehr.

Salah, die während der Regel- oder Wochenbettblutungen nicht verrichtet werden konnten, müssen nicht nachgeholt werden, versäumte Fastentage hingegen schon.

Nachdem die Regel- oder die Wochenbettblutungen vollständig abgeklungen sind, muss man eine Ganzkörperwaschung durchführen, bevor man bestimmte gottesdienstliche Handlungen, wie das Salah oder die Umrundung der Kaaba, durchführen darf.

Istihadeh (Zwischenblutung)

Unterleibsblutungen, die weniger als drei Tage lang andauern, werden als Zwischenblutungen bezeichnet. Genauso verhält es sich mit Blutungen, die nach dem zehnten Tag der Periode oder nach dem 40. Tag im Wochenbett auftreten. Religiös betrachtet, besteht kein Unterschied zwischen Zwischenblutungen, die aus dem Unterleib austreten und Blutungen, die aus anderen Körperstellen austreten. Dies bedeutet, dass Zwischenblutungen lediglich die Gültigkeit des Wudu aufheben und nicht die Durchführung einer Ganzkörperwaschung erfordern. Zwischenblutungen entstehen nicht in der Gebärmutter, sondern dieses Blut entstammt Adern im Vaginalbereich. Alle Unterleibsblutungen, die nicht als Regel- oder Wochenbettblutungen gelten, sind Zwischenblutungen. So sind also alle Blutungen, die nach der Zehntagesfrist der Monatsblutungen und der Vierzigtagesfrist der Wochenbettblutungen auftreten, Zwischenblutungen. Bekommt die Frau vor Ablauf dieser Frist Blutungen, so gelten diese wiederum als Zwischenblutungen und nicht als Monatsblutungen.

Nachdem die Zwischenblutungen länger als eine gesamte Gebetszeit angedauert haben, tritt die Frau in den sogenannten Udhr*-Zustand ein. Udhr bedeutet Entschuldigungsgrund. Die Frau befindet sich im Udhr-Zustand also in einem Zustand, in dem ein Entschuldigungsgrund vorliegt und sie deshalb gewisse Erleichterungen bei der rituellen Reinigung in Anspruch nehmen kann. Der Udhr-Zustand endet wieder, nachdem die Blutungen über eine gesamte Gebetszeit hinweg ausgeblieben sind.

*** Udhr bedeutet wörtlich „Entschuldigungsgrund". Im islamischen Recht wird mit Uhdr ein betimmter Zustand (durch Dauerblutungen, Inkontinenz oder andere körperliche Beschwerden, die den Wudu ungültig machen und die über eine komplette Gebetszeit hinweg anhalten) bezeichnet, der gewisse Vereinfachungen mit sich bringt.**

...Allah will euch nicht in Schwierigkeiten bringen, sondern Er will euch nur reinigen und Seine Gnade an euch erfüllen, auf daß ihr dankbar seid.

El-Ma'ideh 5/6

Udhr-Zustand

Eine Person, die sich im Udhr-Zustand befindet, geht folgendermaßen vor: Sie wartet bis zum Eintritt der Gebetszeit und fürht erst dann den Wudu durch. Sollte sie den Wudu schon vor Anbruch der neuen Gebetszeit durchführen, so verliert dieser mit dem Anbruch der neuen Gebetszeit automatisch seine Gültigkeit. Mit diesem Wudu darf sie bis zum Eintritt der nächsten Gebetszeit so viele Pflicht- und Sunneh-Gebete verrichten wie sie möchte, solange ihr Wudu nicht aus einem anderen Grund als dem Entschuldigungsgrund ungültig geworden ist. Dabei darf sie versäumte Salah nachholen, den Edlen Quran berühren und rezitieren, das Dschenazegebet verrichten und die Kaaba umrunden. Erst mit dem Anbruch einer neuen Gebetszeit verliert der Wudu automatisch seine Gültigkeit und muss erneut durchgeführt werden. Wenn der Austritt von unreinen Substanzen aus dem Körper (wie Blut, Eiter oder Urin) der Grund für den Eintritt in den Udhr-Zustand war, dann muss Kleidung, die durch diese Substanzen verunreinigt wurde, nicht extra gereinigt werden, wenn damit gerechnet werden muss, dass die Kleidung bis zum Ende des Salah erneut verunreinigt wird. Wenn man hingegen davon ausgeht, dass die Kleidung nach einer Reinigung von diesen unreinen Substanzen bis zum Ende des Salah sauber bleiben wird, so muss diese vor dem Salah gereinigt oder gewechselt werden und es darf nicht mit der verunreinigten Kleidung gebetet werden. Wenn es möglich ist, die Ausscheidungen durch einen Eingriff – wie beispielsweise das Anlegen eines Verbandes – zu stoppen und dadurch den Udhr-Zustand zu beenden, dann soll man dies auch tun. All diese Erleichterungen sind eine Gnade des Erhabenen Allah. Er hat diese den Muslimen gewährt, um damit Seinem Propheten Muhammed ﷺ eine Ehre zu erweisen.

Edhan und Iqameh

Edhan bedeutet wörtlich: „Bekanntmachung, Ankündigung oder Aufruf".

Auf die Religion bezogen ist der Edhan die Ankündigung des Pflichtgebetes durch das Ausrufen des Edhan-Textes.

Der Prophet ﷺ setzte im ersten Jahr der Hidschreh den Wortlaut des Edhan fest und schrieb vor, dass dieser vor allen Pflichtgebeten ausgerufen wird. Seitdem werden mit dem Edhan sowohl die fünf täglichen Pflicht-Salah (Pflichtgebete) als auch das Salatu Dschumu'a (Freitagsgebet) angekündigt. Der Edhan darf – wie die Iqameh auch – ausschließlich von Männern aufgerufen werden.

Der Edhan-Text lautet folgendermaßen:

اَللّٰهُ اَكْبَرُ اَللّٰهُ اَكْبَرُ اَللّٰهُ اَكْبَرُ اَللّٰهُ اَكْبَرُ
اَشْهَدُ اَنْ لَا اِلٰهَ اِلَّا اللّٰهُ اَشْهَدُ اَنْ لَا اِلٰهَ اِلَّا اللّٰهُ
اَشْهَدُ اَنَّ مُحَمَّدًا رَسُولُ اللّٰهِ اَشْهَدُ اَنَّ مُحَمَّدًا رَسُولُ اللّٰهِ
حَيَّ عَلَى الصَّلَاةِ حَيَّ عَلَى الصَّلَاةِ حَيَّ عَلَى الْفَلَاحِ
حَيَّ عَلَى الْفَلَاحِ اَللّٰهُ اَكْبَرُ اَللّٰهُ اَكْبَرُ
لَا اِلٰهَ اِلَّا اللّٰهُ

Allahu ekber Allahu ekber
Allahu ekber Allahu ekber
Eschhedu en la Ilahe illallah
Eschhedu en la Ilahe illallah
Eschhedu enne Muhammeden Rasulullah
Eschhedu enne Muhammeden Rasulullah
Hayye ales-Salah Hayye ales-Salah
Hayye alel Felah Hayye alel Felah
Allahu ekber Allahu ekber
La Ilahe illallah

Dieser Text wird vor allen Pflichtgebeten ausgerufen. Beim Fedschr-Gebet (Morgengebet) wird zusätzlich zu dem gewohnten Text nach dem zweimaligen Ausruf „Hayye alel Felah" („Beeilt euch zum Heil zu kommen!") zweimal „*Es-Salatu khayrun mine Newm*" („Das Salah ist besser als der Schlaf!") eingefügt. Der übrige Text bleibt unverändert.

Die Anstandsregeln beim Edhan

Sobald damit begonnen wird, den Edhan auszurufen, brechen die Gläubigen ihre Privatgespräche ab und setzen sich mit dem Gesicht Richtung Qibleh auf den Boden der Moschee. Dabei sprechen sie leise den Wortlaut der einzelnen Passagen des Edhan nach.

Wenn der Gebetsrufer „*Hayye ale s-Salah*" („Beeilt euch, zum Salah zu kommen!") oder „*Hayye alel Felah*" („Beeilt euch, zum Heil zu kommen!") ausruft, sagt man leise: „*La Hawleh we la Quwweteh illa Billahil Aliyyil Adhim*" („Es gibt keine Macht (um ein Unheil abwenden zu können) und keine Fähigkeit (um Allah dem Erhabenen gehorsam sein zu können) außer durch (die Barmherzigkeit und den Großmut) Allahs, des Hocherhabenen und Allgewaltigen!")

Nachdem der Edhan beendet wurde, spricht man folgendes Du'a:

اَللّٰهُمَّ رَبَّ هٰذِهِ الدَّعْوَةِ التَّامَّةِ * وَالصَّلَاةِ الْقَائِمَةِ *
اٰتِ مُحَمَّدًانِ الْوَسِيلَةَ وَالْفَضِيلَةَ *
وَابْعَثْهُ مَقَامًا مَحْمُودًانِ الَّذِى وَعَدْتَهُ *

„*O Allah! Herr dieses vollkommenen Aufrufs und des anstehenden Salah! Schenke Muhammed die Wesileh (ein bestimmtes Fürspracherecht) und die Fadileh (bestimmte göttliche Gaben und Vergünstigungen) und verleihe ihm jenen gelobten Rang, den Du ihm versprachst.*"

Die Iqameh (Aufforderung zum Pflichtgebet)

Iqameh bedeutet wörtlich: „Aufstehen, Sichaufrichten, Sicherheben.“ Auf die Religion bezogen ist die Iqameh die Aufforderung an die Gläubigen, sich zum Pflichtgebet zu erheben. Die Iqameh kündigt also den Beginn des Salah an, das unmittelbar im Anschluss an die Iqameh verrichtet wird. Ihr Text entspricht genau dem des Edhan, außer dass bei der Iqameh nach dem zweimaligen Ausruf „Hayye alel Felah“ („Beeilt euch, zum Heil zu kommen!“) zusätzlich der zweimalige Ausruf „Qad qameti Salah“ („Das Salah hat bereits begonnen!“) eingefügt wird.

Die fünf täglichen Salah

	Vorsunneh	Fard	Nachsunneh	Wadschib
Fedschr	2	2		
Dhuhr	4	4	2	
Asr	4	4		
Maghrib		3	2	
Ischa	4	4	2	
Witr*				3

Das Salah (Gebet)

Im Islam wird der Verrichtung des Salah – gleich nach dem Iman im Herzen des Menschen – der höchste Stellenwert beigemessen. Deshalb können die fünf täglichen Pflicht-Salah auch als Stützpfeiler des Islam betrachtet werden: Würden diese Stützpfeiler wegbrechen, würde auch die Religion eines Menschen in sich zusammenstürzen. Wenn der Gläubige seine Pflicht-Salah gewissenhaft ausführt, öffnet ihm Allah ﷻ die Pforten Seiner Schatzkammern und verhilft ihm zu seinem Heil.
Unser ehrenwerter Prophet Muhammed ﷺ sagte dazu:

مِفْتَاحُ الْجَنَّةِ الصَّلَاةُ

„Das (Pflicht-)Salah ist der Schlüssel zum Paradies!“
(Tirmidhi: Tahareh, 3; Ahmed: Musned, 3/340).

Wer seine Salah gewissenhaft ausführt, bewahrt seinen Iman und schützt seine Religion.

Allah der Erhabene sagt dazu im Edlen Quran Folgendes:

فَاِذَا اطْمَاْنَنْتُمْ فَاَقِيمُوا الصَّلٰوةَۚ اِنَّ الصَّلٰوةَ كَانَتْ عَلَى الْمُؤْمِن۪ينَ كِتَابًا مَوْقُوتًا ﴿١٠٣﴾

„Doch wenn ihr in Sicherheit seid, dann verrichtet das Salah (auf normale Weise). Siehe, den Gläubigen ist das Salah zu bestimmten Zeiten (also fünfmal täglich) eine Pflicht.“
(En-Nisa 4/103).

Wenn man die folgenden drei Voraussetzungen erfüllt, ist man dazu verpflichtet, die fünfmal täglichen Salah zu verrichten:

1. Wenn man Muslim ist,
2. seine Geschlechtsreife erlangt hat und
3. geistig gesund ist.

* Das Witr-Gebet wird nach dem Ischa-Gebet verrichten. Es ist nicht Teil des Ischa-Gebets und kann die ganze Nacht über verrichtet werden.

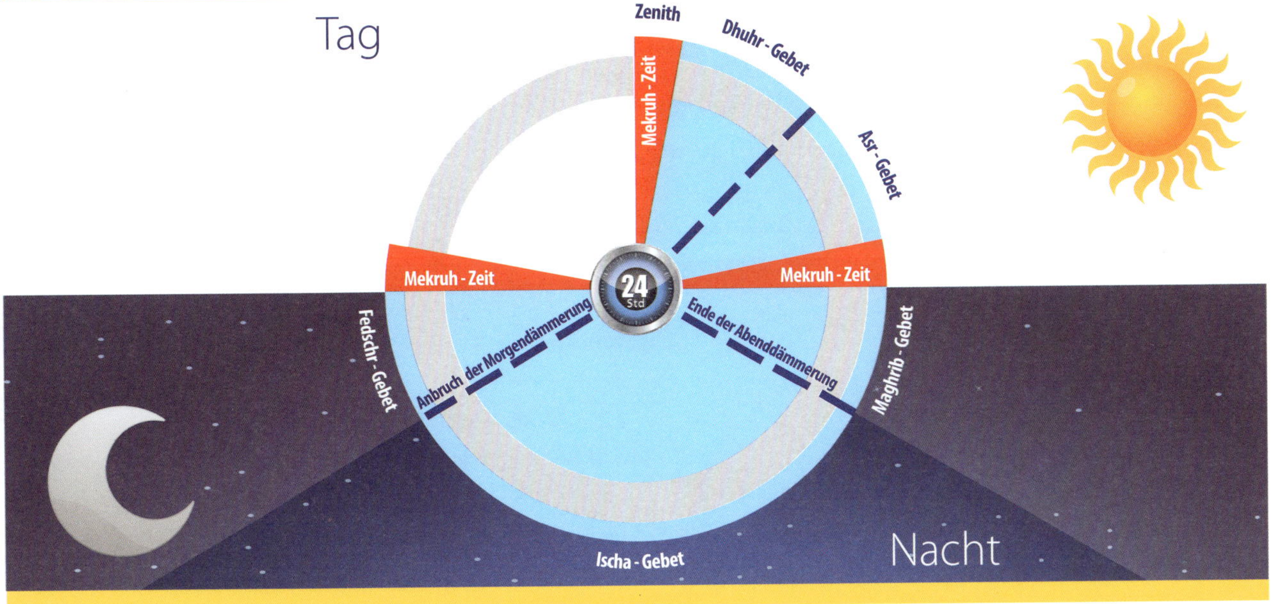

Die Pflichten des Salah

Für die Gültigkeit des Salah ist es erforderlich, dass der Muslim sowohl vor als auch während des Salah folgende Pflichten erfüllt:

Pflichten, die vor dem Salah zu erfüllen sind

1 Die Herbeiführung des Zustands der rituellen Reinheit:
Das Salah darf ausschließlich im Zustand der rituellen Reinheit (Tahareh) verrichtet werden. Wer sich im Zustand der kleinen rituellen Unreinheit (Hadeth) befindet, muss vor dem Salah den Wudu durchführen. Wer sich im Zustand der großen rituellen Unreinheit (Dschenabeh) befindet, muss vor dem Salah den Ghusl durchführen. Frauen, deren Monats- oder Wochenbettblutungen komplett zum Stillstand gekommen sind, müssen zuerst den Ghusl durchführen, bevor sie wieder das Salah verrichten dürfen.

2 Die Beseitigung von Nedschaseh:
Der Betende muss seinen Körper, seine Kleidung und seinen Gebetesplatz vor schwach- und starkverunreinigenden Substanzen schützen oder von diesen reinigen, falls sie so stark verunreinigt sind, dass dies zu einer Ungültigkeit des Salah führen würde.

3 Die Bedeckung des Schambereiches:
Es ist nicht erlaubt, mit entblößtem Schambereich zu beten. Der Schambereich des Mannes reicht von oberhalb seines Bauchnabels bis unter seine Knie. Der Schambereich der Frau umfasst ihren gesamten Körper, außer ihrem Gesicht und ihren Händen. Außerhalb des Gebets zählen die Füße ebenfalls zum Schambereich.

4 Istiqbalul Qibleh (Hinwendung zur Gebetsrichtung):
Der Betende muss sich beim Salah der Kaaba zuwenden.

5 Die Beachtung der vorgegebenen Gebetszeiten:
Alle Salah müssen in den dafür vorgeschriebenen Gebetszeiten verrichtet werden. Sollte man ein Salah vor dem Anbruch seiner Gebetszeit verrichten, dann muss man dieses nach dem Anbruch der Gebetszeit nochmals beten. Wer sein Salah verrichtet, nachdem eine Gebetszeit bereits zu Ende ist und dafür keinen Entschuldigungsgrund* vorzuweisen hat, hat eine große Sünde begangen und muss dafür Allah ﷻ aufrichtig um Verzeihung bitten (Tewbeh).

*** Als Entschuldigungsgrund gelten hierbei beispielsweise das Verschlafen oder das Vergessen des Gebets, die zeitweilige Ohnmacht oder der zeitweilige Wahnsinn.**

6 Niyyeh (Das Fassen der Absicht):
Die Absicht zum Salah wird unmittelbar vor dem Beginn des Salah (also unmittelbar vor dem Ausruf „Allahu Ekber") gefasst. In der Absicht muss die Art des Salah (Pflicht-, Sunneh- oder freiwilliges Salah) und der richtige Zeitpunkt des Salah (also ob es sich um das Morgen-, Mittags-, Nachmittags-, Abend- oder Nachtgebet handelt) enthalten sein.

Die Pflichtbestandteile des Salah

1 Der Eröffnungs-Tekbir:
Man beginnt das Salah, indem man die Formel: „Allahu Ekber" ausspricht. Dabei ist das Aussprechen des Namens „Allah" fard (also absolut verpflichtend) und das Aussprechen des Wortes „Ekber" wadschib (also verpflichtend).

2 Qiyam (Das Stehen):
Das Stehen im Fard- und Wadschib-Salah ist absolut verpflichtend. Wenn man aber so krank oder so körperlich eingeschränkt ist, dass man das Salah nicht im Stehen verrichten kann, dann darf man dieses auch im Sitzen tun. Sofern dies möglich ist, ist aber dabei darauf zu achten, dass man hierbei eine möglichst ehrfürchtige Position einnimmt.

3 Qirat (Die Rezitation):
In den ersten beiden Rek'ah (Gebetseinheiten) des Pflichtgebetes und in allen Gebetseinheiten aller übrigen Salah ist es absolut verpflichtend, mindestens einen Vers aus dem Edlen Quran zu rezitieren.

4 Ruku (Die Verbeugung):
Zwischen dem Qiyam und der Sudschud (Gebetsniederwerfung) ist es absolut verpflichtend, eine Verbeugung auszuführen. Dabei legen Männer ihre Hände auf ihre Kniescheiben und strecken ihre Beine durch. Auf diese Weise nimmt ihr Oberkörper eine waagrechte Position ein, die parallel zum Boden verläuft. Frauen beugen ihren Oberkörper hingegen nur leicht nach vorne und senken dabei ihren Kopf ein wenig.

5 Sudschud (Die Niederwerfung):
Nach der Verbeugung ist es absolute Pflicht (Fard), sich auf den Boden niederzuwerfen. Dabei berührt man mit dem Gesicht den Boden, indem man seine Stirn und seine Nasenspitze auf den Boden drückt. Wer so krank oder so körperlich eingeschränkt ist, dass er die Niederwerfung nicht vollständig ausführen kann, deutet diese lediglich an, indem er seinen Kopf ein wenig nach vorne beugt.

6 El-Dschelsetul Akhira (Das Endsitzen):
Am Ende eines jeden Salah begibt man sich in die sogenannte „Endsitzung". Hierbei muss man mindestens solange sitzen bleiben, wie das Aufsagen des Bittgebetes Ettehiyyatu dauert. Dabei ist das Sitzen während dieses Zeitraums fard, das Aufsagen des Ettehiyyatu wadschib. Wer die Endsitzung am Schluss des Salah weglässt, dessen Salah ist ungültig.

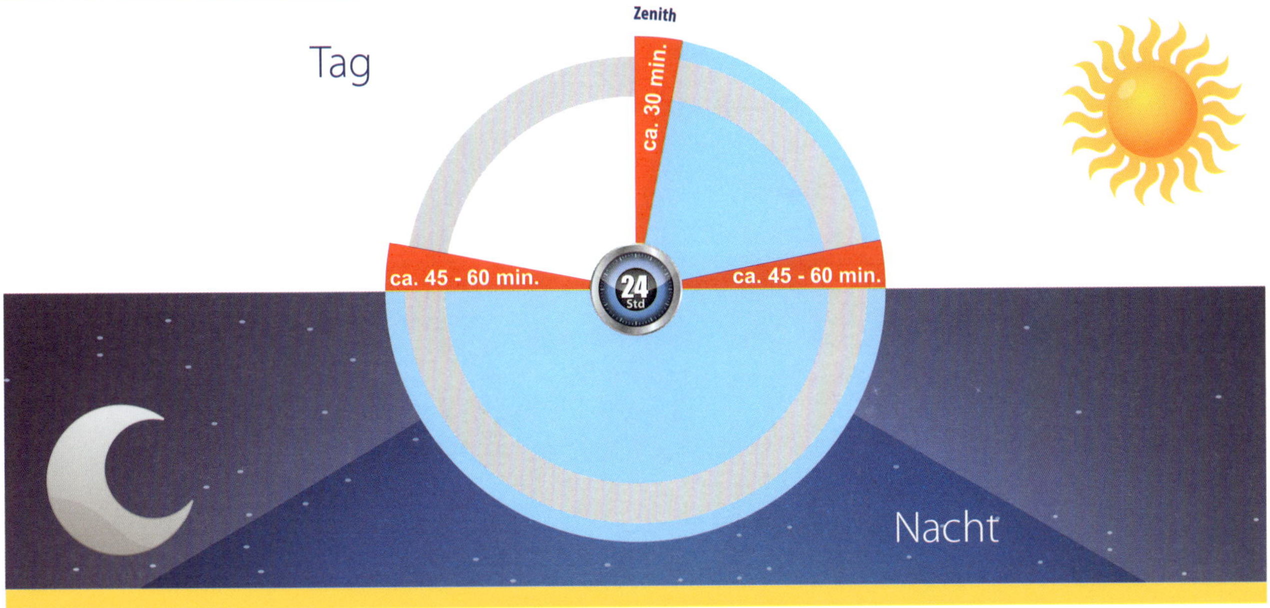

Mekruh-Zeiten

In den folgenden drei Zeitabschnitten ist das Verrichten von Fard, Wadschib und Sunneh-Gebeten, sowie das Nachholen von Fard bzw. Wadschib-Gebeten nicht gestattet:

1 Während des Sonnenaufgangs:
In der ca 45 - 60 minütigen Zeitspanne zwischen dem Beginn und dem Ende des Sonnenaufgangs - hierbei hängt die genaue Dauer dieser Zeitspanne vom jeweiligen Ort und der jeweiligen Jahreszeit ab.

2 Während die Sonne im Zenith steht:
Ab ca. 30 Minuten vor dem Eintritt der Zeit des Mittagsgebets.

3 Während des Sonnenuntergangs:
Ab ca. 45-60 Minuten vor dem Eintritt des Abendgebetes - hierbei hängt die genaue Dauer dieser Zeitspanne vom jeweiligen Ort und der jeweiligen Jahreszeit ab.

Salah, die in dieser Zeit verrichtet wurden, müssen nachgebetet werden.

Sollte man aber die Verrichtung des Nachmittagsgebetes bis über den Eintritt der Mekruh-Zeit hinausgezögert haben, dann muss dieses – ungeachtet der Mekruh-Zeit – unverzüglich verrichtet werden.
Neben der Verrichtung von Salah in diesen drei Mekruh-Zeiten ist es ebenfalls mekruh, nach der Verrichtung des Asr-Gebetes (Nachmittagsgebetes) freiwillige Salah zu verrichten, auch wenn die Mekruh-Zeit des Nachmittags noch nicht eingetreten ist. Es ist erlaubt, versäumte Pflichtgebete bis zum Beginn der Mekruh-Zeit des Nachmittags nachzuholen (Qada). Ähnlich verhält es sich mit dem Fedschr-Gebet (Morgengebet): wenn man bereits das Fedschr-Gebet verrichtet hat und noch Zeit bis zum Sonnenaufgang bleibt, ist es gestattet versäumte Pflicht- oder Wadschib-Salah nachzuholen. Es ist ebenfalls mekruh, nach der Verrichtung des Fedschr-Gebets bis zum Ablauf der Mekruh-Zeit des Morgens freiwillige Salah zu verrichten. In den Mekruh-Zeiten ist es aber uneingeschränkt erlaubt, im Edlen Quran zu lesen, Allahs zu gedenken (Dhikr), Salewat (Segenswünsche) auf den Gesandten ﷺ auszusprechen oder ähnliche Ibadeh zu verrichten.

Die Wadschib-Handlungen des Salah

Die Wadschib-Handlungen sind ebenfalls wichtige Bestandteile des Salah. Wer sie auslässt oder mit Verzögerung ausführt, muss dafür die Sedschdetu Sehw (Ersatzniederwerfung) als Entschädigungsleistung ausführen, damit das Salah nicht mit einem schweren Makel (mekruh) belastet ist. Deshalb muss der Muslim alle Wadschib-Handlungen kennen.

Welcher Wert den Wadschib-Handlungen unter den islamischen Rechtsgelehrten beigemessen wird, zeigt auch, dass viele Handlungen, die in der hanefitischen Rechtsschule wadschib sind, in den drei anderen Rechtsschulen als fard eingestuft werden. Daher sollte man die Ausführung der Wadschib-Handlungen sehr ernst nehmen und diese auf keinen Fall vernachlässigen.

Folgende Bestandteile des Salah sind Wadschib:

1 Das Anfügen des Wortes *„Ekber"* an das Wort *„Allah"* beim Eröffnungs-Tekbir. Man beginnt das Salah also mit dem Aussprechen der Formel: *„Allahu Ekber"*.

2 Die Rezitation der Sure El-Fatihah in den ersten beiden Rek'ah (Gebetseinheiten) der Pflichtgebete und in allen Rek'ah aller anderen Gebete (also in allen Rek'ah der Wadschib-, Sunneh- und freiwilligen Salah).*

3 Die Rezitation einer kurzen Sure oder einiger kurzer Quranverse zusätzlich zur Rezitation der Sure El-Fatihah in den ersten beiden Rek'ah der Fard- und Wadschib-Gebete und in allen Rek'ah der freiwilligen Salah.**

4 Die Rezitation der Sure El-Fatihah vor der Rezitation der zusätzlichen Quranverse.

5 Ta'dilul-Erkan: Dies ist die vollständige Ausführung aller Pflichtbestandteile (= Erkan) des Salah. Das heißt, dass der

* In den anderen Rechtsschulen ist die Rezitation der Sure El-Fatihah in den gesamten Fällen fard (absolute Pflicht).

** Dabei sollte man mindestens eine kurze Sure (die kürzeste besteht aus drei Versen) oder drei kurze Quranverse rezitieren. Entspricht die Länge des Quranverses mindestens der Länge von drei kurzen Quranversen, dann reicht dessen Rezitation ebenfalls aus.

Der Unterschied zwischen dem Mu'min und dem Kafir ist das Salah.

Der Prophet Muhammed ﷺ

Betende darauf zu achten hat, dass er die Bewegungen im Salah, wie die Ruku (Gebetsverbeugung) und die Sudschud (Gebetsniederwerfung), nicht hastig und in Eile ausführen darf, sondern dass er darauf zu achten hat, alle Bewegungen vollständig auszuführen und dabei alle Körperglieder vollständig zur Ruhe kommen zu lassen. So ist es etwa bei der Ausführung der Ruku notwendig, dass man mit dem Oberkörper so lange in einer Position parallel zum Boden verbleibt, bis alle Körperglieder vollständig zur Ruhe gekommen sind, bevor man sich wieder in die aufrechte Haltung zurückbegibt. Auch dort müssen alle Körperglieder komplett zur Ruhe gekommen sein, bevor man sich in die Sudschud begibt. In der Position der Sudschud müssen ebenfalls wieder alle Körperglieder komplett zur Ruhe gekommen sein, bevor man sich wieder aufsetzt. Dabei setzt man sich vollständig auf und wartet wieder solange, bis alle Körperglieder zur Ruhe gekommen sind, bevor man sich erneut zu Boden wirft.
Nach dem Aufrichten aus der Ruku und dem Aufrichten aus der Sudschud verweilt man solange in aufrechter Körperhaltung, wie es dauern würde, in Ruhe: „*Subhane Allah*" zu sagen.

6 Das Berühren des Bodens mit der Stirn und der Nasenspitze während der Sudschud.

7 Die beiden Sudschud innerhalb einer Rek'ah müssen hintereinander ausgeführt werden.

8 Das Zwischensitzen nach zwei Rek'ah in allen Salah, die aus drei oder vier Rek'ah bestehen.

9 Die Rezitation der Ettehiyyatu während des Zwischensitzens und des Endsitzens.

10 Das Aufstehen zur dritten Rek'ah unmittelbar nach der Beendigung der Rezitation der Ettehiyyatu beim Zwischensitzen.

11 Die Sudschud nach der Rezitation eines Quranverses, der die Sudschud erfordert (Sedschdetu Tilaweh).

12 Die Rezitation eines Du'a (Bittgebet) im Witr-Gebet. Hierbei ist es Sunneh, dass man die vom Gesandten Allahs ﷺ überlieferten Du'a spricht.

13 Die laute Rezitation der Sure El-Fatihah und der zusätzlichen Quranverse in den ersten beiden Rek'ah des

Fedschr (Morgen)-, Maghrib (Abend)- und Ischa (Nacht)-Gebetes durch den Vorbeter. Dabei sollte dieser in einer Lautstärke vortragen, in der er von den Mitbetenden gehört werden kann. Sollte man das Salah alleine verrichten, dann ist es einem freigestellt, ob man in diesen Salah laut oder leise rezitiert.

14 Die leise Rezitation des Edlen Quran im Dhuhr (Mittags)-, Asr (Nachmittags)- und Witr-Gebet sowie in allen Sunneh- und freiwilligen Salah.

15 Die Mitbetenden schweigen im Gemeinschaftsgebet und rezitieren dort nicht selbst. In den Salah in denen der Edle Quran vom Vorbeter laut vorgetragen wird, hören die Mitbetenden seiner Rezitation zu. Sie sprechen lediglich zu Beginn des Salah leise die Subhaneke und während des Salah – bei den Übergängen zur Ruku, der Sudschud und zum Qiyam – leise die Formel „Allahu Ekber". Außerdem sprechen sie während der Ruku mehrmals leise: *„Subhane Rabbiyel Adhim"* („Erhaben ist mein Allgewaltiger Herr") und während der Sudschud mehrmals leise: *„Subhane Rabbiyel E'la"* („Erhaben ist mein Höchster Herr"). Beim Zwischen- und Endsitzen rezitieren die Mitbetenden leise die Ettehiyyatu und beim Endsitzen sprechen sie zusätzlich leise die Salewat (Segenswünsche) Allahumme Salli und Allahumme Barik und die beiden Du'a (Bittgebete) Rabbena Atina und Rabbenaghfirli.

16 Die Einhaltung der vorgegebenen Reihenfolge der Pflichtbestandteile des Salah.

17 Die Ausführung der Sedschdetu Sehw (Ersatzniederwerfung)* zum Ende des Salah, falls dem Betenden einer der folgenden Fehler unterlaufen sein sollte**:
Das versehentliche Hinauszögern einer Wadschib- oder Pflichthandlung oder das versehentliche Unterlassen einer Wadschib-Handlung. Sollte man hingegen eine Pflichthandlung (Fard) gänzlich unterlassen haben, dann muss das Salah nochmals verrichtet werden. Solche Fehler können nicht durch die Ausführung einer Ersatzniederwerfung wiedergutgemacht werden.

18 Der Schlussgruß am Ende des Salah.

19 Die Einhaltung der Wadschib-Handlungen des Salah. Diese dürfen absichtlich weder weggelassen noch verzögert werden.

*** Im Gemeinschaftsgebet wird die Sedschdetu Sehw (Ersatzniederwerfung) nur durchgeführt, wenn der Vorbeter einen Fehler gemacht hat und er die Ersatzniederwerfung gemeinsam mit der Gemeinschaft der Betenden ausführt. Sollte einer der Mitbetenden einen Fehler gemacht haben, der eine Ersatzniederwerfung notwendig machen würde, wenn er alleine beten würde, dann führt er diese bei einem Gemeinschaftsgebet nicht aus. Das Thema Ersatzniederwerfung wird später in diesem Buch noch näher erläutert.**

**** Sollte man während ein und desselben Salah mehrere der Fehler gemacht haben, die eine Ersatzniederwerfung erfordern, führt man die Ersatzniederwerfung trotzdem nur ein einziges Mal aus.**

Die Sunneh-Handlungen des Salah

Allah der Erhabene hat uns die Verrichtung des Salah aufgetragen und Sein Gesandter Muhammed ﷺ lehrte uns, auf welche Weise wir das Salah auszuführen haben. Um das Salah auf beste Weise verrichten zu können, muss man die Sunneh-Handlungen des Salah kennen und in die Tat umsetzen.

Folgende Bestandteile des Salah sind Sunneh:

1 Dass man die Absicht zur Verrichtung des Salah unmittelbar vor der Ausführung des Eröffnungs-Tekbirs mit dem Herzen fasst.*

2 Männer heben ihre Hände beim Eröffnungs-Tekbir bis auf Ohrhöhe. Dabei legen sie ihre Daumen an die Ohrläppchen, spreizen ihre Finger leicht und lassen ihre Handinnenflächen Richtung Qibleh zeigen. Frauen heben ihre Hände nur bis auf Schulterhöhe.

3 Beim Qiyam platzieren Männer ihre Hände unterhalb des Bauchnabels. Dabei umklammern sie mit ihrem Daumen und ihrem kleinen Finger der rechten Hand ihr linkes Handgelenk. Frauen legen ihre Hände beim Qiyam auf die Brust, wobei sie ebenfalls ihre rechte Hand über ihre linke Hand legen.

4 Die Rezitation des Du'a Subhaneke zu Beginn des Salah in einer Lautstärke, in der man sich selbst hören kann.

5 Das Sprechen der Besmeleh vor der Rezitation der Sure El-Fatihah: Wer alleine betet oder anderen vorbetet, der spricht die Besmeleh vor der Rezitation der Sure El-Fatihah. Wer das Salah mit der Gemeinde verrichtet, schweigt nachdem er die Subhaneke gesprochen hat.

6 Nach der Rezitation der Sur El-Fatihah sagt man leise: „Amin".

7 Beim Übergang in die Ruku und die Sudschud sagt man: *„Allahu Ekber"*.

8 Beim Sitzen legen Männer und Frauen ihre Hände auf ihre Oberschenkel, so dass ihre Fingerspitzen die Knie berühren. Männer spreizen dabei die Finger, Frauen nicht.

9 Das dreimalige Aufsagen der Formel: „Subhane Rabbiyel Adhim" in der Ruku.

10 Das dreimalige Aufsagen der Formel: *„Subhane Rabbiyel E'la"* in der Sudschud.

11 In der Sudschud berührt der Bauch des Mannes nicht dessen Oberschenkel. Seine Unterarme berühren nicht den Boden. Außerdem spreizt er seine Ellenbogen leicht vom Oberkörper ab, damit er diesen nicht mit den Armen berührt. Dabei achtet er aber darauf, dass er seine Mitbetenden nicht in ihrem Salah stört. Frauen halten sich in der Sudschud hingegen klein und kompakt, drücken ihren Bauch auf ihre Oberschenkel und berühren mit ihren Armen ihre Seiten.

12 Beim Sitzen legt man seine Hände auf die Oberschenkel und setzt sich auf seine Unterschenkel. Dabei verlagern die Männer ihr Gewicht auf den linken Unterschenkel und stellen den rechten Fuß auf die Zehenspitzen, sodass die Zehenspitzen möglichst Richtung Qibleh zeigen. Frauen setzen sich auf den linken Gesäßmuskel und lassen ihre beiden Füße nach rechts außen ragen. Dabei richten sie ihren rechten Fuß nicht auf.

13 Die Rezitation der Segenswünsche Allahumme Salli und Allahumme Barik sowie der Bittgebete Rabbena Atina und Rabbenaghfirli nach dem Ettehiyyatu beim Endsitzen.

*** Das zusätzliche leise Aussprechen der Absicht neben dem Fassen der eigentlichen Absicht mit dem Herzen wird von den Gelehrten empfohlen, wenn man Zweifel daran hat, ob man die Absicht mit dem Herzen gefasst hat oder nicht.**

Ibadeh

14 Das Drehen des Kopfes nach rechts und nach links beim abschließenden Grüßen in der Endsitzung.

15 Der Imam (Vorbeter) spricht beim Aufrichten aus der Verbeugung die Formel: *„Semi Allahu limen hamideh"* („Allah hört denjenigen, der Ihn lobt") laut aus. Anschließend sprechen er selbst und die Gemeinde leise: *„Rabbena we lekel Hamd"* („Unser Herr, Dir gebührt alles Lob"). Wer das Salah alleine verrichtet, spricht beide Formeln leise aus.

16 Die Gemeinde richtet sich nach dem Imam (Vorbeter). Dabei folgt sie ihm unmittelbar in seinen Bewegungsabläufen, ohne ihn dabei zu überholen.

17 Wenn man in der Öffentlichkeit oder auf freiem Gelände betet, steckt man vor sich einen Stock in den Boden oder stellt einen (mindestens 50 cm hohen) Gegenstand vor sich auf, damit der Platz der Gebetsniederwerfung gegenüber evtl. vorbeigehenden abgegrenzt ist.

Die Verrichtung des Salah

Das Pflichtgebet mit drei Rek'ah (Maghrib-Gebet):
Nachdem man die ersten beiden Rek'ah – wie oben beschrieben – verrichtet hat, folgt bei einem Salah mit drei Rek'ah das Zwischensitzen. Hierbei rezitiert man die Ettehiyyatu, spricht anschließend den Tekbir und steht zur dritten Rek'ah auf. Diese beginnt man mit der Besmeleh. Anschließend rezitiert man die Sure El Fatihah, ohne eine zusätzliche Sure oder zusätzliche Verse aus dem Edlen Quran zu rezitieren. Danach geht man in die Ruku und die Sedschdeh über. Nach der Ausführung der beiden Gebetsniederwerfungen folgt das Endsitzen. Dort rezitiert man die Ettehiyyatu, die Segenswünsche Allahumme Salli und Allahumma Barik und die Bittgebete Rabbena Atina und Rabbenaghfirli und beendet schließlich das Salah mit dem Schlussgruß.

Das Pflichtgebet mit vier Rek'ah:
Nachdem man die ersten beiden Rek'ah – wie oben beschrieben – ausgeführt hat, folgt bei einem Salah mit vier Rek'ah das Zwischensitzen. Danach erhebt man sich zur dritten und vierten Rek'ah. In diesen beiden Rek'ah rezi-

tiert man nur die Besmeleh und die Sure El-Fatihah und verzichtet auf die Rezitation einer zusätzlichen Sure oder zusätzlicher Verse aus dem Edlen Quran. Man führt wie gewohnt die Ruku und Sudschud aus und bleibt in der vierten Rek'ah zum Endsitzen sitzen. Dort rezitiert man die Ettehiyyatu, die Segenswünsche Allahumme Salli und Allahumme Barik und die Bittgebete Rabbena Atina und Rabbenaghfirli und beendet das Salah mit dem Schlussgruß.

Das Sunneh- und das freiwillige Salah mit vier Rek'ah:
Bei der Verrichtung eines Sunneh- oder eines freiwilligen Salah mit vier Rek'ah, wird in jeder der vier Rek'ah die Sure El-Fatihah und zusätzlich mindestens eine kurze Sure oder drei kurze Quranverse bzw. ein langer Quranvers rezitiert. Dabei beginnt man die erste Rek'ah mit der Subhaneke, der E'udhu Billah und der Besmeleh und alle weiteren Rek'ah nur mit der Besmeleh. Nach den ersten beiden Rek'ah bleibt man sitzen und rezitiert die Ettehiyyatu. Danach steht man zur dritten Rek'ah auf. Diese beginnt man direkt mit der Besmeleh. Nach der vierten Rek'ah setzt man sich hin, rezitiert die Ettehiyyatu, die Segenswünsche Allahumme Salli und Allahumme Barik und die Bittgebete Rabbena Atina und Rabbenaghfirli und beendet das Salah mit dem Schlussgruß.
Wenn man die Sunneh-Gebete vor den Pflichtgebeten des Asr (Nachmittags)- und Ischa (Nacht)-Gebetes ausführt, rezitiert man beim Zwischensitzen zusätzlich zur Ettehiyyatu die Segenswünsche Allahumme Salli und Allahumme Barik. Danach steht man auf und beginnt die dritte Rek'ah mit der Subhaneke, der E'udhu Billah und der Besmeleh und rezitiert anschließend die Sure El-Fatihah und einige Quranverse. Die vierte Rek'ah schließt man wie gewohnt mit dem Endsitzen und dem Schlussgruß ab.

Das Witr-Gebet
Nachdem man zwei Rek'ah gebetet hat, erhebt man sich nach der Rezitation der Ettehiyyatu zur dritten Rek'ah und rezitiert die El-Fatihah und eine zusätzliche Sure. Danach hebt man seine Hände wie zum Eröffnungs-Tekbir und spricht dabei den Tekbir. Anschließend plaziert man die Hände wieder unterhalb des Bauchnabels bzw. auf der Brust und rezitiert die Qunut-Du'a. Danach setzt man sich hin, rezitiert die Ettehiyyatu, die Segenswünsche Allahumme Salli und Allahumme Barik und die Bittgebete Rabbena Atina und Rabbenaghfirli und beendet das Salah mit dem Schlussgruß.

SALAH

Die Verrichtung eines Salah mit zwei Rek'ah erfolgt, unter Berücksichtigung der oben aufgeführten Pflicht-, Wadschib und Sunneh-Handlungen, folgendermaßen:
Nachdem die Gebetszeit angebrochen ist, bereitet man sich auf das Salah vor: Falls nötig führt man die Gebetswaschung durch. Danach begibt man sich zur Gebetsstätte und wendet sich der Qibleh zu.

Mann/Frau: Man fasst die Absicht für das zu verrichtende Gebet. So sieht beispielsweise die Absichtsbekundung für das morgendliche Pflichtgebet folgendermaßen aus:

„Ich beabsichtige – für das Wohlgefallen Allahs ﷻ – das Pflichtgebet dieses Morgens zu verrichten".

Mann: Man spricht den Eröffnungs-Tekbir. Dabei hebt man die Hände auf Ohrhöhe, berührt mit den Daumen die Ohrläppchen, wendet seine Handinnenflächen der Qibleh zu und spricht: *„Allahu Ekber"*.

Frau: Man spricht den Eröffnungs-Tekbir. Dabei hebt man die Hände auf Schulterhöhe, wendet dabei seine Handinnenflächen der Qibleh zu und spricht: *„Allahu Ekber"*.

Mann: Man legt seine Hände unterhalb des Bauchnabels auf den Bauch und legt seine rechte Hand über die linke Hand. Dann rezitiert man leise die Subhaneke, das E'udhu Billah* und die Besmeleh** und rezitiert die Sure El-Fatihah. Danach sagt man leise Amin und rezitiert eine Sure aus dem Edlen Quran oder mindestens drei kurze Quranverse.

Frau: Man legt beide Hände auf die Brust, wobei die rechte Hand auf der linken Hand ruht. Dann rezitiert man die Subhaneke, das E'udhu Billah und die Besmeleh und rezitiert die Sure El-Fatihah. Danach sagt man leise Amin und rezitiert eine Sure aus dem Edlen Quran oder mindestens drei kurze Quranverse.

*** Dies ist das Aussprechen der Formel: „E'udhu Billahi minesch Scheytan er-Radschim" („Ich suche meine Zuflucht bei Allah vor dem gesteinigten Satan").**

**** Dies ist das Aussprechen der Formel: „Bismillah er-Rahman er-Rahim", gesprochen : Bismillahirrahmanirrahim („Mit dem Namen Allahs, des Allbarmherzigen, Allgnädigen").**

Frau: Man verneigt sich. Dabei verbeugt man sich nur leicht und legt die Hände auf die Knie, ohne dabei die Finger zu spreizen. In der Verneigung spricht man mindestens dreimal: *„Subhane Rabbiyel Adhim“* („Erhaben ist mein Allgewaltiger Herr“).

Mann: Man verbeugt sich. Dabei streckt man den Rücken und den Nacken durch, umfasst mit den Händen die durchgedrückten Knie und spreizt dabei ein wenig seine Finger. In der Verbeugung spricht man mindestens dreimal: *„Subhane Rabbiyel Adhim“* („Erhaben ist mein Allgewaltiger Herr“).

Mann: Man richtet sich auf und spricht dabei: *„Semi Allahu limen hamideh“* („Allah hört denjenigen, der Ihn lobt“). Im Qiyam sagt man leise: *„Rabbena we lekel Hamd“* („Unser Herr, Dir gebührt alles Lob“).
Daraufhin spricht man den Tekbir („Allahu Ekber“) und geht in die Sedschdeh über.

Frau: Man richtet sich auf und spricht dabei: *„Semi Allahu limen hamideh“* („Allah hört denjenigen, der Ihn lobt“) Im Qiyam sagt man leise: *„Rabbena we lekel Hamd“* („Unser Herr, Dir gebührt alles Lob“).
Daraufhin spricht man den Tekbir („Allahu Ekber“) und geht in die Sedschdeh über.

Mann: Man wirft sich nieder. Dabei setzt man der Reihe nach zuerst die Knie, dann die Hände und schließlich Stirn und Nase auf den Boden auf. Die Ellbogen werden so weit vom Oberkörper abgespreizt, dass die Arme diesen nicht berühren. Der Bauch berührt nicht die Oberschenkel. Beide Füße werden so auf den Zehenspitzen aufgestützt, dass diese in Richtung Qibleh zeigen. Die Füße heben nicht vom Boden ab. In der Sedschde spricht man dreimal leise: „Subhane Rabbiyel E'la" („Erhaben ist mein Höchster Herr"). Danach spricht man den Tekbir und setzt sich aufrecht hin.

Frau: Man wirft sich nieder. Dabei liegen die Arme eng am Körper an und der Bauch berührt die Oberschenkel. In der Niederwerfung spricht man dreimal leise: *„Subhane Rabbiyel E'la"* („Erhaben ist mein Höchster Herr"). Danach spricht man den Tekbir und setzt sich aufrecht hin.

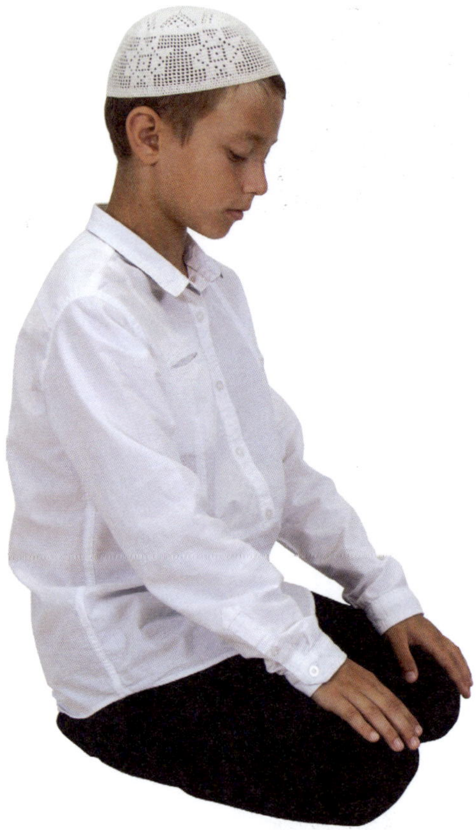

Frau: Man setzt sich aufrecht hin. Dabei werden die Hände auf die Knie gelegt, ohne dabei die Finger zu spreizen. In dieser Position verweilt man kurz, spricht den Tekbir und wirft sich erneut nieder.

Mann: Man setzt sich aufrecht hin. Dabei werden die Hände auf die Knie gelegt und die Finger leicht gespreizt. In dieser Position verweilt man kurz, spricht den Tekbir und wirft sich erneut nieder.

Mann: Man verfährt genauso wie in der ersten Sedschdeh, d.h. man spricht mindestens dreimal die Formel: „*Subhane Rabbiyel E'la*" (Erhaben ist mein Höchster Herr"). Danach spricht man den Tekbir und steht auf, um mit der Ausführung der zweiten Rek'ah zu beginnen.

Frau: Man verfährt genauso wie in der ersten Sedschdeh, d.h. man spricht mindestens dreimal die Formel: „*Subhane Rabbiyel E'la*" (Erhaben ist mein Höchster Herr"). Danach spricht man den Tekbir und steht auf, um mit der Ausführung der zweiten Rek'ah zu beginnen.

Frau: Man setzt sich. Dabei ruht der Körper auf dem linken Gesäßmuskel und beide Füße werden nach rechts außen verlagert; der rechte Fuß wird nicht aufgerichtet. Im Sitzen spricht man zuerst die Ettehiyyatu, dann die Allahumme Salli und die Allahumme Barik und anschließend die Bittgebete Rabbena Atina und Rabbenaghfirli.*

Mann: Man setzt sich auf seine Unterschenkel und legt beide Hände auf die Knie. Dabei spreizt man leicht seine Finger. Man richtet den rechten Fuß so auf, dass die Zehenspitzen Richtung Qibleh zeigen. Im Sitzen spricht man zuerst die Ettehiyyatu, dann die Allahumme Salli und die Allahumme Barik und anschließend die Bittgebete Rabbena Atina und Rabbenaghfirli.*

*** Die Texte der Ettehiyyatu, der Allahumme Salli, der Allahumme Barik und der Bittgebete Rabbena Atina und Rabbenaghfirli finden sich im letzten Teil dieses Buches.**

Frau: Danach dreht man den Kopf nach rechts, blickt dabei auf seine rechte Schulter und spricht den Schlussgruß: *„Esselamu aleykum we Rahmetullah"* („Friede sei mit euch und der Segen Allahs"). Anschließend dreht man seinen Kopf auf die linke Seite, blickt auf seine linke Schulter und spricht abermals: *„Esselamu aleykum we Rahmetullah"*. Damit ist das Salah beendet.

Das soeben aufgeführte Beispiel für ein Salah mit zwei Rek'ah entspricht einem Sunneh-Gebet oder dem Pflichteil des Fedschr-Gebets.

Mann: Danach dreht man den Kopf nach rechts, blickt dabei auf seine rechte Schulter und spricht den Schlussgruß: *„Esselamu aleykum we Rahmetullah"* („Friede sei mit euch und der Segen Allahs"). Anschließend dreht man seinen Kopf auf die linke Seite, blickt auf seine linke Schulter und spricht abermals: *„Esselamu aleykum we Rahmetullah"*. Damit ist das Salah beendet.

Dinge, die das Salah ungültig werden lassen

1 Das Essen, Trinken oder Reden während des Salah.

2 Das Lachen, Weinen (ausgenommen sind das Weinen aus Gottesfurcht oder der Liebe zu Allah), Stöhnen oder Seufzen während des Salah.

3 Das Abwenden der Brust von der Qibleh (Gebetsrichtung).

4 Grundloses Husten, Räuspern oder Pusten.

5 Die fehlerhafte Rezitation des Edlen Quran, wenn dadurch dessen Bedeutung verändert wird.

6 Wenn man – beispielsweise durch ungewöhnliche Bewegungen oder Körperhaltungen, die nicht zum Salah gehören – den Anschein bei anderen erweckt, dass man sich nicht im Salah befindet. Hierzu gehört das unmittelbar aufeinanderfolgende dreimalige Kratzen. Das mehrmalige Kratzen ohne dabei aber wiederholt die Hand zu heben zählt nur einmal.

7 Das gleichzeitige Abheben beider Füße vom Boden, beispielsweise durch Springen.

8 Das Aufgehen der Sonne während des Fedschr-Gebets.

9 Das Verlieren des Bewusstsein oder des Verstandes während des Salah.

10 Das Entblößen eines Teils des Schambereichs während des Salah, wenn dies solange andauert, dass man in dieser Zeit eine Pflichthandlung des Salah (beispielsweise die Sudschud) durchführen könnte.

11 Wenn man den Teyemmum ausgeführt hat, weil man nicht ausreichend Wasser zur Verfügung hatte und sich während des Salah die Möglichkeit ergibt, die rituelle Reinigung mit Wasser durchzuführen.

12 Wenn sich in derselben Reihe direkt neben dem Mann eine Frau befindet, die dasselbe Salah wie er hinter demselben Vorbeter wie er verrichtet oder wenn eine Frau direkt vor ihm in der Reihe steht. In diesem Fall wird das Salah des Mannes ungültig. Darauf sollte man besonders in großen Moscheen achtgeben.

Mekruh-Handlungen im Salah

Mit mekruh bezeichnet man im Islam Handlungen, die entweder Mekruh tahrimen (verpönt bzw, abscheulich) oder Mekruh tenzihen (unerwünscht) sind. Mekruh-Handlungen sind also Handlungen, die das Salah zwar nicht ungültig machen, aber dessen Belohnung schmälern und - im Falle von Mekruh tahrimen - eine Sünde darstellen und somit unbedingt zu vermeiden sind.
Der Betende begibt sich während des Salah in die Gegenwart seines Schöpfers und Herrn.* Deshalb sollte er – wie er es ja auch in der Gegenwart von menschlichen Würdenträgern tut – unerwünschtes Verhalten nach Möglichkeit unterlassen, damit sein Herr mit ihm zufrieden ist. Man sollte also die Mekruh-Handlungen kennen, damit man diese unterlassen und so seinem Herrn bestmöglich dienen kann.

Zu den Mekruh-Handlungen während des Salah gehört:

1 Das Herumspielen an den Haaren, dem Bart, dem Körper oder der Kleidung.

2 Das Verrichten des Salah in ungeeigneter oder zerlumpter Kleidung.

3 Das Gähnen und Strecken im Salah.

4 Das Knacken mit den Fingerknöcheln.

5 Das Schließen der Augen oder das Blicken zum Himmel.

6 Das Drehen des Kopfes nach rechts oder links. Wer sich mit seiner Brust von der Gebetsrichtung abwendet, macht sein Salah dadurch ungültig.

7 Wenn Männer ohne Notwendigkeit das Salah mit unbedecktem Kopf** verrichten.

8 Das Anlehnen oder Festhalten an einem Gegenstand, obwohl dafür kein Grund (wie Kreislaufschwäche oder körperliche Gebrechlichkeit) besteht.

9 Das Aufstehen, Verbeugen oder Niederwerfen im Gemeinschaftsgebet, bevor der Vorbeter aufsteht, sich verbeugt oder niederwirft.

10 Das Anheben der Kleidung, bevor man sich niederwirft.

11 Das Verrichten des Salah, obwohl man zur Toilette muss. Dies ist dann mekruh, wenn man die Gelegenheit dazu hat, zur Toilette zu gehen.

12 Wenn man in ein und demselben Salah in mehreren Rek'ah dieselbe Sure oder dieselben Quranverse rezitiert, obwohl man auch andere Suren oder Quranverse auswendig kennt, die man rezitieren könnte.

13 Das übermäßige Heben oder Senken des Kopfes während der Ruku.

*** Dass sich der Betende während des Salah in die Gegenwart seines Ehrenwürdigen Schöpfers begibt, bedeutet aber nicht, dass dem Schöpfer tatsächlich ein Ort oder eine Richtung zugeordnet wird oder werden kann. Erhaben ist Allah über alle Arten der Mangelhaftigkeit, zu der auch das Bedürfnis nach einem Ort, als Voraussetzung für Seine Existenz gehört. Wenn man also sagt, dass man sich während des Gebets in der Gegenwart des Erhabenen Allahs befindet, dann ist diese Aussage rein metaphorisch zu verstehen. Denn natürlich ist es so, dass Allah der Erhabene nicht nur zu jeder Zeit jeden erdenklichen (materiellen und immateriellen) Ort, alle Menschen und alle Dinge sieht und hört, sondern dass Er auch Derjenige ist, Der alles erschaffen hat und für dessen Fortbestand sorgt.**
****Männer sollten während des Salah eine sogenannte „Takke" (Gebetsmütze) oder eine Imame (Turban) tragen.**

14 Das Tragen eines Kleidungsstücks, auf dem ein Lebewesen abgebildet ist. Genauso wenig sollte sich auf dem Ort der Niederwerfung, über, neben oder vor dem Betenden die Abbildung eines Lebewesens befinden. Falls es möglich ist, sollte man solche Abbildungen vor der Verrichtung des Gebetes entfernen oder zudecken.

15 Sich beim Gemeinschaftsgebet in eine der hinteren Reihen zu stellen, obwohl in einer der vorderen Reihen noch Platz ist.

16 Wenn ein Mann während der Sudschud seine Unterarme auf den Boden legt (Frauen halten ihre Arme eng am Körper und dürfen ihre Unterarme auf den Boden legen).

17 Die Verrichtung des Salah in Kleidung, die von Dingen verunreinigt ist, die das Salah nicht ungültig werden lassen (wie beispielsweise Farbe, Motoröl oder Lehm).
Im Salah sollte man möglichst schöne und saubere Kleidung tragen.

Wenn man sich über etwas ärgert, sehr nachdenklich oder gestresst ist oder Aufgaben zu erledigen hat, die einen geistig sehr beschäftigen, dann sollte man versuchen, sich zuerst zu sammeln und seine volle geistige Aufmerksamkeit auf das Salah zu lenken, bevor man dieses verrichtet. Wenn noch ausreichend Zeit zur Ausführung des Salah besteht, dann sollte man diese Zeit nutzen, um zur Ruhe zu kommen oder diejenigen Aufgaben zu erledigen, die einen vom Salah ablenken, damit man sich danach mit ruhigem Kopf voll und ganz dem Salah widmen kann. Genauso wenig sollte man beten, wenn das Essen bereits auf dem Tisch steht oder wenn man so hungrig ist, dass einen der Hunger vom Salah ablenken könnte. In diesen Fällen sollte man zuerst essen, bevor man das Salah verrichtet (sofern noch ausreichend Zeit dafür verbleibt). Am besten ist es daher, die Essenszeiten außerhalb der (empfohlenen) Gebetszeiten zu legen.

„Ein Salah, das nicht mit der (notwendigen) inneren Ruhe verrichtet wird, wird eher bestraft als belohnt.“

Hasan el-Basri قدس سره

Die Demut (Khuschu) im Salah

Die Befolgung der oben aufgeführten Handlungsweisen und Anstandsregeln soll sicherstellen, dass der Betende das Salah in gebührender Weise verrichtet und so das Wohlgefallen Allahs erlangt. Neben der Einhaltung der erwähnten zwölf Voraussetzungen (also die sechs Pflichten vor dem Salah und die sechs Pflichten im Salah selbst) sollte man das Salah mit Ikhlas (Aufrichtigkeit und Hingabe), also demütig und das Wohlgefallen Allahs, des Erhabenen, anstrebend verrichten.
Demut im Salah bedeutet, dass man sich der Allgegenwart Allahs ﷻ bewusst ist. Demut ist die Gewissheit, dass man zu jeder Zeit und an jedem Ort unter der Beobachtung Allahs ﷻ steht. Wer diesen Bewusstseinszustand erreicht hat, verrichtet sein Salah in Ehrfurcht, Ehrerbietung und mit innerer Ruhe.
Die Verrichtung des Salah sollte daher nicht nur auf die Ausführung der verschiedenen Bewegungsabläufe beschränkt bleiben. Der Muslim darf das Salah nicht als eine Bürde betrachten oder als eine Schuld, von der es sich zu befreien gilt, sondern er sollte sich im Gegenteil dessen bewusst sein, dass das Salah die höchste Form des Ibadeh ist und die schönste Art Allahs des Erhabenen zu preisen, Ihm zu danken und Ihm seine Ehrerbietung zu erweisen.
Als niedrigste Stufe der Demut gilt, dass sich der Betende für einen kurzen Moment im Salah der Allgegenwart Allahs ﷻ bewusst wird.

Das Gemeinschaftsgebet

Das Verrichten des Salah mit der Gemeinde zählt zu den starken prophetischen Traditionen (Sunneh Mu'ekkedeh). Es kommt dem Wadschib nahe. Sunneh Mu'ekkedeh-Handlungen sind Handlungen, die unser Prophet Muhammed ﷺ kontinuierlich ausführte. Er ließ diese Handlungen nur in Ausnahmefällen aus und hielt die Muslime stets zu deren Ausführung an.

Das Salah gemeinschaftlich zu verrichten ist eine Sunneh, die nur für Männer gilt. Den Frauen ist es erlaubt, das Salah gemeinschaftlich mit den Männern zu verrichten. Wenn aber Frauen untereinander das Gemeinschaftsgebet verrichten – wobei eine Frau den anderen Frauen vorbetet – so ist dies nicht nur keine Sunneh sondern auch Mekruh.

Damit ein Salah zum Gemeinschaftsgebet wird, müssen daran mindestens zwei Personen teilnehmen: Der Imam (Vorbeter) und eine weitere Person die mitbetet. Der Imam ist bei seiner Niyyeh für das Gebet nicht verpflichtet zusätzlich die Absicht zu bekunden der Gemeinschaft vorzubeten. Beabsichtigen aber Frauen mitzubeten, so muss er dies tun. Die Mitbetenden bekunden ihrerseits bei der Niyyeh für das Gemeinschaftsgebet, sich dem Imam anzuschließen.

Das Salatul Dschumu'ah (Freitagsgebet) ist ein Sonderfall des Gemeinschaftsgebetes. Es kann nicht alleine verrichtet werden, sondern nur in der Gemeinschaft. Hier muss die Gemeinde aus mindestens drei Personen bestehen, damit es gültig ist: Dem Imam und zwei weiteren Mitbetenden. Während des Gemeinschaftsgebetes rezitiert nur der Vorbeter; die Mitbetenden sprechen die Sure El-Fatihah und die zusätzlichen Quranverse nicht mit. Sie rezitieren lediglich zu Beginn des Salah leise die Subhaneke und schweigen dann. Wenn der Imam laut rezitiert, hören sie ihm zu, wenn der Imam leise rezitiert, verharren sie schweigend. Bei der Ruku, der Sudschud und dem Sitzen sprechen sie die entsprechenden Formeln und Bittgebete. Wenn der Vorbeter den Tekbir ausspricht, um den Übergang in die nächste Gebetsstellung auszurufen, dürfen die Mitbetenden diesen Tekbir leise mitsprechen. Zum Ende des Salah spricht die Gemeinde gemeinsam mit dem Imam leise den Schlussgruß aus.

Das Nachholen von versäumten Salah (Qada)

Wenn das Salah innerhalb seiner Gebetszeit verrichtet wird, nennt man dies Eda. Wenn man es versäumt hat, das Salah zu seiner Zeit zu verrichten, dann muss dieses nachgeholt werden.* Diesen Vorgang bezeichnet man als „Qada". Wenn man ein Salah, das man bereits zuvor verrichtet hat, aus irgendeinem Grund wiederholt, bezeichnet man diesen Vorgang als „I'adeh".

Wer bestreitet, dass die Verrichtung des fünfmal täglichen Salah eine religiöse Pflicht ist, der fällt dadurch vom Glauben ab (Kufr).

Wer das Pflichtgebet vernachlässigt, auch ohne zu bestreiten, dass seine Verrichtung eine religiöse Pflicht ist, begeht eine große Sünde.

Wer ein Pflichtgebet – aufgrund einer Notsituation – nicht innerhalb seiner vorgeschriebenen Zeit verrichten konnte, der holt dieses folgendermaßen nach:

Es ist Sunneh, dass Männer zuerst den Edhan und die Iqameh vortragen, bevor sie ein versäumtes Pflichtgebet nachholen. Frauen tragen hingegen weder den Edhan noch die Iqameh vor, bevor sie ein versäumtes Pflichtgebet nachholen.

Wer ein Pflichtgebet nachholt, muss sich im Klaren darüber sein, welches Salah er nachholen möchte, denn er muss die entsprechende Absicht dazu fassen. Kann man sich an den Tag und die Gebetszeit des nachzuholenden Salah erinnern, dann fasst man seine Absicht dementsprechend. Kann man sich nicht daran erinnern, dann empfiehlt es sich, die Absicht auf folgende Weise zu fassen:

„Ich beabsichtige, für das Wohlgefallen Allahs, das zuletzt versäumte Pflichtgebet (beispielsweise) des Morgens nachzuholen."

Wenn ein Mann mehrere Salah nachholen will, dann ruft er zu Beginn dieses Vorgangs den Edhan aus. Dieser gilt dann für alle Salah, die er im Anschluss daran nachholt. Er spricht aber für jedes nachzuholende Salah jeweils eigens die Iqameh aus. Die versäumten Salah müssen nicht zur selben Tageszeit nachgeholt werden, zu der sie versäumt wurden. Man kann also ohne weiteres ein Dhuhr-Gebet zur Abendzeit und ein Fedsch-Gebet zur Nachmittagszeit nachholen.

Wenn man ein Pflichtgebet versäumt hat, dann holt man nur das Pflichtgebet nach. Sunneh-Gebete können grundsätzlich nicht nachgeholt werden. Eine Ausnahme bildet hierbei lediglich das Sunneh-Gebet des Fedschr-Gebets: Wenn man das Pflichtgebet des Fedschr-Gebets versäumt hat und dieses noch vor Anbruch der Mittagsgebetszeit nachholt, dann darf man dieses gemeinsam mit seinem Sunneh-Gebet nachholen. Es ist notwendig (wadschib) auch die versäumten Witr-Gebete nachzuholen.

*** Es muss ein triftiger Entschuldigungsgrund vorliegen, damit man ein Salah über seine Zeit hinaus verschieben darf, wie beispielsweise das Verschlafen oder das Vergessen des Salah oder Ohnmacht.**

O die ihr glaubt, wenn der Ruf zum Gebet am Freitag erschallt, dann eilet zum Gedenken Allahs und lasset den Handel ruhn. Das ist besser für euch, wenn ihr es nur wüßtet.

El-Dschumu'ah 62/9

Salatul Dschumu'ah (Freitagsgebet)

Jeder Muslim, der alle sechs folgenden Voraussetzungen erfüllt, ist verpflichtet, am Freitagsgebet teilzunehmen:

1. Männlichkeit.
2. Vollbesitz der geistigen Kräfte.
3. Freiheit (wenn man also kein Leibeigener ist).
4. Geschlechtsreife.
5. Gesundheit.
6. Ansässigkeit (wenn man also nicht auf Reisen ist).

Reisende, Kinder oder Kranke, die nur mit fremder Hilfe zur Gebetsstätte kommen können, sind zwar nicht dazu verpflichtet, am Freitagsgebet teilzunehmen, sollten dies aber natürlich trotzdem tun.

Das Freitagsgebet wird zur Zeit des Dhuhr-Gebets (Mittagsgebets) mit der Gemeinde verrichtet; es kann nicht alleine verrichtet werden. Wer das Freitagsgebet aus irgendeinem Grund verpasst hat oder nicht daran teilnehmen kann, der verrichtet innerhalb der Zeit des Dhuhr-Gebets ganz normal sein Dhuhr-Gebets.

Beim Freitagsgebet geht dem Pflichtteil mit zwei Rek'ah, ein Sunneh-Gebet mit vier Rek'ah voraus. Nach dem Pflichtteil wird wiederum ein Sunneh-Gebet mit vier Rek'ah gebetet.

Das Freitagsgebet kann in jeder Moschee verrichtet werden, die täglich zu den Zeiten der fünf Pflichtgebete geöffnet und allgemein zugänglich ist.

An den Freitagen ist es Sunneh, besondere Körperhygiene walten zu lassen: Man vollzieht den Ghusl (Ganzkörperwaschung), schneidet sich die Fingernägel, trägt wohlriechende Düfte auf und zieht seine beste Kleidung an.

An den Freitagen ist es ebenfalls Sunneh, besonders viele Salewat (Segenswünsche) für den Propheten Muhammed ﷺ zu sprechen, Arme zu speisen, Almosen zu geben, Respektspersonen (wie die Eltern, Gelehrte oder Gottesfreunde) zu besuchen und die Sure El-Kehf zu rezitieren.

Sobald der zweite Edhan ausgerufen wird, müssen sich all jene Personen zum Salatul Dschumu'ah (Freitagsgebet) begeben, die zur Teilnahme an diesem verpflichtet sind. Ab diesem Moment dürfen sie keine Kaufgeschäfte mehr tätigen. Dieses Handelsverbot gilt bis zum Ende des Freitagsgebets.

Der Ablauf des Salatul Dschumu'ah

Die beiden Pflichtbestandteile des Salatul Dschumu'ah sind die Khutbeh (Freitagspredigt) und das Pflichtgebet. Vor der Predigt verrichtet man das Sunneh-Gebet mit vier Rek'ah. Dazu fasst man die Absicht, die Vorsunneh des Salatul Dschumu'ah zu verrichten. Die Vorsunneh des Salatul Dschumu'ah wird genauso verrichtet wie das Sunneh-Gebet vor dem Dhuhr-Gebet (Mittagsgebet). Anschließend ruft der Mu'edhin (Gebetsrufer) den zweiten Edhan aus und unmittelbar darauf folgt die Khutbeh.*

Danach wird die Iqameh ausgerufen. Die Gemeinde erhebt sich zum Gemeinschaftsgebet und verrichtet gemeinsam mit dem Imam das Pflichtgebet mit zwei Rek'ah. Dieses wird genauso verrichtet wie das Gemeinschaftsgebet des Fedschr-Gebets. Im Anschluss an das Pflichtgebet betet man ein Sunneh-Gebet mit vier Rek'ah. Damit ist das Salatul Dschumu'ah beendet.

Nach dem Freitagsgebet sollte man ein Salah mit vier Rek'ah, das sogenannte „Dhur Akhir"** (Letztes Mittagsgebet) verrichten. Dieses kann wie ein Pflicht- oder wie ein Sunneh-Gebet verrichtet werden. Wenn man es wie ein Sunneh-Gebet verrichtet, rezitiert man in jeder Rek'ah nach der El-Fatihah zusätzlich einige Quranverse. Wenn man es wie ein Pflichtgebet verrichtet, rezitiert man nur in den ersten beiden Rek'ah einige zusätzliche Quranverse.

Für das „Letzte Mittagsgebet" wird die Absicht wie folgt gefasst:

„Ich beabsichtige – für das Wohlgefallen Allahs – das letzte Dhuhr Akhir-Gebet zu verrichten."

Anschließend kann man noch ein abschließendes Sunneh-Gebet mit zwei Rek'ah verrichten. Das Salatul Dschumu'ah ist nicht unvollständig, wenn das „Letzte Mittagsgebet" und das abschließende Sunneh-Gebet weggelassen werden. Mit der Tesbihat und dem Du'a beendet man schließlich die Ibadeh.

*** Der Khutbeh (Freitagspredigt) zuzuhören ist die Pflicht eines jeden Anwesenden. Aus diesem Grund ist es verboten während der Khutbeh zu sprechen, sich ungebührlich zu verhalten oder andere zu stören.**

**** Da verschiedene Gründe vorliegen können, die zur Ungültigkeit des Salatul Dschumu'ah führen können, empfehlen die Gelehrten, im Anschluss an das Freitagsgebet und dessen Nachsunneh unbedingt das sogenannte Dhur Akhirah („Letztes Mittagsgebet") zu beten. Auf diese Weise geht der Gläubige sicher, dass er seine Pflicht gegenüber dem Erhabenen Allah erfüllt hat. Im Anschluss an das Dhur Akhirah werden noch zwei Rek'ah Sunneh verrichtet, um die Sunneh des Dhuhr-Gebets zu erfüllen.**

Das Salah auf Reisen

Ab einer bestimmten Reiseentfernung genießen Reisende (Sefer) – im Gegensatz zu Ortsansässigen (Muqim) – gewisse Erleichterungen bei der Ausführung ihrer Ibadeh. Der Grund hierfür ist, dass der Reisende normalerweise auf seiner Reise Strapazen ausgesetzt ist, denen ein Ortsansässiger nicht ausgesetzt ist.

Religiös betrachtet gilt man als Reisender, wenn man für weniger als 15 Tage an einen Ort reist, der sich mindestens 90 Kilometer von seinem Wohnort entfernt befindet.

Wer eine solche Reise antritt, verkürzt alle Pflichtgebete die aus vier Rek'ah bestehen – also das Dhuhr-, Asr- und Ischa-Gebet – auf zwei Rek'ah. Die Fedschr- und Maghrib-Gebete werden wie gewohnt verrichtet.

Sollte man auf seiner Reise genügend Zeit für die Verrichtung der Sunneh-Gebete haben, dann verrichtet man diese wie gewohnt. Ansonsten lässt man diese gänzlich aus.

Sollte sich der Reisende einem ortsansässigen Imam bei einem Pflichtgebet mit vier Rek'ah anschließen, dann folgt er dem Imam und verrichtet gemeinsam mit diesem vier Rek'ah. Wenn sich der Reisende einem ortsansässigen Imam bei einem Pflichtgebet mit vier Rek'ah verspätet angeschlossen hat, dann vervollständigt er sein Salah, nachdem der Imam das Salah mit dem Schlussgruß beendet hat, auf vier Rek'ah.

Wenn ein Reisender bei einem Pflichtgebet mit vier Rek'ah der Gemeinschaft vorbetet, dann beendet er das Salah nach der zweiten Rek'ah. Alle reisenden Mitbetenden folgen ihm dabei und beenden ihr Salah ebenfalls nach zwei Rek'ah. Die ortsansässigen Mitbetenden vervollständigen ihr Salah jedoch auf vier Rek'ah, das heißt nach dem Schlussgruß des Imam stehen sie auf und beten zwei weitere Rek'ah. Dabei rezitieren sie nicht, sondern verweilen während des Qiyam in der dritten und vierten Rek'ah solange stumm, wie es dauern würde, die Sure El-Fatihah zu rezitieren. Alle anderen Abläufe des Salah verrichten sie wie gewohnt:

Sie führen ihre Ruku und Sudschud aus, bleiben in der vierten Rek'ah zum Endsitzen sitzen und beenden ihr Salah mit dem Schlussgruß.

Eine weitere Erleichterung für Reisende ist es, dass diese ihre Halbschuhe* (Khuff), die sie im rituell reinen Zustand angezogen haben, drei Tage und drei Nächte lang tragen dürfen, ohne dass sie ihre Füße bei der Ausführung der rituellen Gebetswaschung erneut waschen müssen.

Ein Reisender darf im Monat Ramadan fasten, muss es aber nicht. Sollte er sich dazu entschlossen haben, auf seiner Reise nicht zu fasten, dann muss er die versäumten Fastentage zu einem späteren Zeitpunkt nachfasten.

Ein Reisender ist nicht dazu verpflichtet an den Freitags- und Festtagsgebeten teilzunehmen. Genauso wenig ist er dazu verpflichtet, beim Opferfest ein Schlachtopfer darzubringen. Wenn er diese Ibadeh dennoch durchführen möchte, sind diese aber gültig und werden von Allah dem Erhabenen entlohnt.

Alle Erleichterungen für Reisen enden, sobald der Reisende an seinen Wohnort zurückgekehrt ist.

*** Hierbei handelt es sich um bestimmte wasserdichte Schuhe, meist aus Leder (Ledersocken), die die Füße einschließlich der Fußknöchel bedecken. Solange man diese Schuhe trägt, brauchen die Füße nicht gewaschen zu werden: Die Schuhe werden bei der rituellen Reinigung lediglich mit Wasser benetzt. Ortsansässige dürfen von dieser Erleichterung 24 Stunden, Reisende 72 Stunden lang Gebrauch machen. Wer diese Erleichterung in Anspruch nehmen möchte, muss darüber hinaus noch weitere Regeln beachten, die hier nicht extra aufgeführt wurden.**

Die fünf täglichen Gebete des Reisenden

	Vorsunneh	Fard	Nachsunneh	Wadschib
Fedschr	2	2		
Dhuhr	4	2	2	
Asr	4	2		
Maghrib		3	2	
Ischa	4	2	2	
Witr*				3

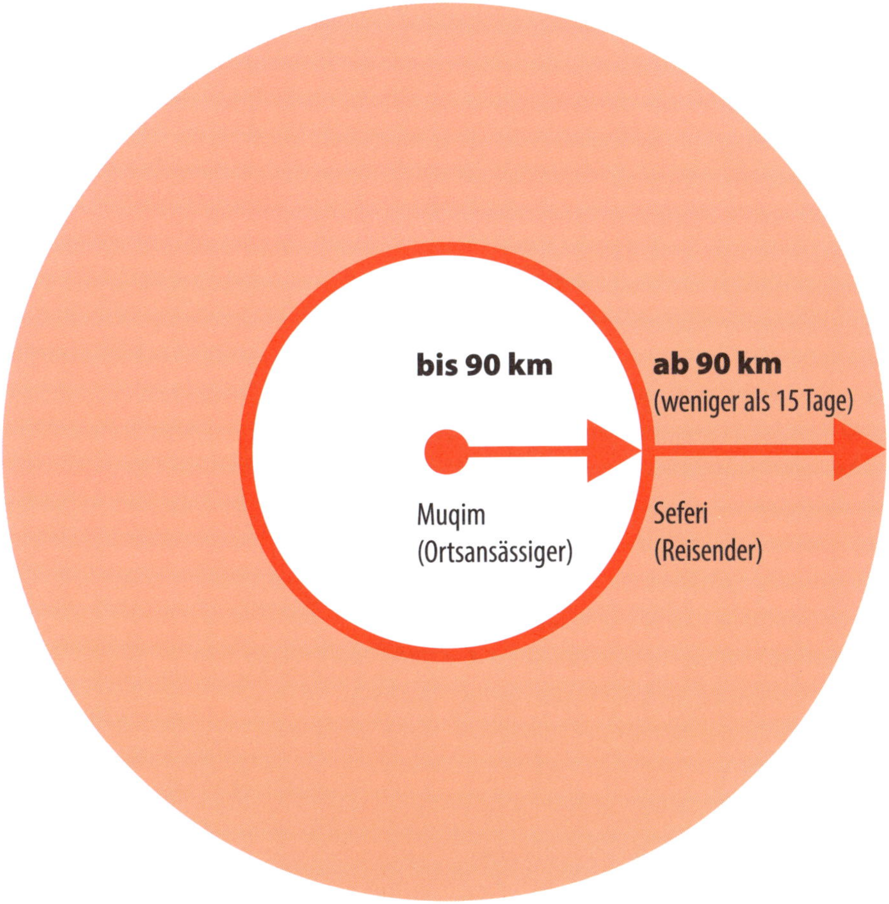

Das Festtagsgebet

Neben den Freitagen gibt es im Islam noch zwei weitere Feiertage: Das Idul Fitr (Fastenfest) und das Idul Edha (Opferfest). An beiden Feiertagen wird ca. 45 Minuten nach Sonnenaufgang ein Festtagssalah mit zwei Rek'ah verrichtet. Die Teilnahme an diesen Festtagsgebeten ist für alle Personen wadschib, für die die Teilnahme am Salatul Dschum'uah Pflicht ist.

Der Ablauf des Festtagsgebetes

Unmittelbar vor dem Beginn des Festtagssalah fassen dessen Teilnehmer die folgende Niyyeh (Absicht):

„Ich beabsichtige für Allah ﷻ das anstehende Festtagssalah zu verrichten und schließe mich dabei dem Imam an."

Das Salah beginnt mit dem Eröffnungs-Tekbir. Anschließend sprechen sowohl der Vorbeter als auch die Mitbetenden leise die Subhaneke. Danach führt der Imam dreimal hintereinander den Tekbir aus und die Gemeinde folgt ihm dabei: Bei jedem Tekbir hebt man die Hände auf Ohrenhöhe, spricht leise *„Allahu Ekber"* und lässt danach seine Arme wieder herabsinken, sodass sie seitlich am Körper anliegen. Nach dem dritten Tekbir legt man seine Hände wie gewohnt unterhalb des Bauchnabels übereinander. Der Imam rezitiert daraufhin die Sure El-Fatihah und eine zusätzliche Sure oder einige Quranverse. Danach führt er gemeinsam mit der Gemeinde die Ruku und die Sudschud aus und erhebt sich zur zweiten Rek'ah.
Die zweite Rek'ah beginnt der Imam, indem er leise die Besmeleh spricht und anschließend die Sure El-Fatihah sowie eine zusätzliche Sure oder einige Quranverse rezitiert. Danach spricht er dreimal den Tekbir und die Gemeinde folgt ihm dabei: Bei jedem Tekbir hebt man die Hände auf Ohrenhöhe und spricht leise: *„Allahu Ekber"*. Nach jedem Tekbir hält man kurz inne und lässt dann seine Arme wieder herabsinken, sodass sie seitlich am Körper anliegen. Nach dem vierten Tekbir führt der Imam gemeinsam mit der Gemeinde die Ruku und die Sudschud aus. Beim anschließenden Endsitzen spricht man wie gewohnt die Ettehiyyatu, die Segenswünsche Allahumme Salli und Allahumme Barik und die Bittgebete Rabbena Atina und Rabbenaghfirli und beendet das Salah mit dem Schlussgruß.
Im Anschluss an das Salah steigt der Imam auf die Minber (Kanzel) und hält die Festtagspredigt. Dabei erzählt er der Gemeinde von den Besonderheiten des Festtages.
Nach der Predigt wird das Du'a gesprochen und damit ist die Ibadeh beendet. Die Gläubigen wünschen sich gegenseitig einen gesegneten Festtag und machen sich dann dazu auf, Respektspersonen (wie die Eltern, Gelehrte oder Gottesfreunde) zu besuchen.
In der Zeit des Opferfestes ist es wadschib, direkt im Anschluss an die Pflichtgebete den Teschriq-Tekbir aufzusagen. Dies macht man insgesamt 23 Mal: Der erste Teschriq-Tekbir wird nach dem Fedschr-Gebet des Vortrages des Opferfestes (also nach dem Fedschr-Gebet des Arafattages) und der letzte nach dem Asr-Gebet des vierten Festtages gesprochen.

Der Teschriq-Tekbir lautet folgendermaßen:

اَللّٰهُ اَكْبَرُ اَللّٰهُ اَكْبَرُ لَا اِلٰـهَ اِلَّا اللّٰهُ وَاللّٰهُ اَكْبَرُ اَللّٰهُ اَكْبَرُ
وَلِلّٰهِ الْحَمْدُ

„Allahu Ekber, Allahu Ekber, la ilahe illallahu wallahu Ekber, Allahu Ekber we lillahil Hamd".
(„Allah ist der Größte, Allah ist der Größte, es gibt keinen Gott außer Allah und Allah ist der Größte, Allah ist der Größte und alles Lob gebührt Allah").

Sollte man einmal vergessen haben, den Teschriq-Tekbir nach einem der Pflichtsalah aufzusagen, so muss dieser nicht nachgeholt werden. Man sollte aber trotzdem sorgfältig darauf achten, keinen der Teschriq-Tekbire zu vergessen. Das Aufsagen der Teschriq-Tekbire ist für all jene wadschib, die dazu verpflichtet sind das Salah zu verrichten. Dabei spielt es keine Rolle, ob man männlich oder weiblich, Reisender oder ortsansässiger ist.

Das Terawih-Gebet

Das Terawih-Gebet ist ein Sunneh-Gebet, das aus zwanzig Rek'ah besteht. Während des Fastenmonats Ramadan wird es täglich nach dem Ischa-Gebet verrichtet. Die Verrichtung des Terawih-Gebetes ist eine starke Sunneh (Sunnetul Mu'ekkedeh). Es sollte deshalb von jedem Muslim gebetet werden.
Das Terawih-Gebet kann in zehn Durchgängen zu je zwei Rek'ah oder in fünf Durchgängen zu je vier Rek'ah verrichtet werden. Die erste Variante wird als die tugendhaftere angesehen.

Der Ablauf des Terawih-Gebetes

Bevor man das Terawih-Gebet verrichtet, fasst man die entsprechende Absicht dazu. Verrichtet man das Terawih-Gebet alleine, dann fasst man folgende Niyyeh:

„Ich beabsichtige für Allah ﷻ das Terawih-Gebet zu verrichten."

Verrichtet man das Terawih-Gebet in der Gemeinschaft, dann fasst man folgende Niyyeh:
„Ich beabsichtige für Allah ﷻ das Terawih-Gebet zu verrichten und schließe mich dabei dem Imam an."

Diese Absicht wird vor Beginn des ersten Durchgangs des Terawih-Gebetes gefasst und ist dann für die Ausführung aller zwanzig Rek'ah gültig, solange man nicht zwischen zwei Durchgängen etwas tut (wie reden, essen, trinken oder sich hinsetzen), was nicht zum Salah gehört. Tut man dies, so muss die Niyyeh erneut gefasst werden.
Das Terawih-Gebet ist an das Ischa-Gebet gebunden. Am besten wird es zwischen der Nachsunneh des Ischa-Gebets und dem Witr-Gebet verrichtet. Es kann aber auch noch nach dem Witr-Gebet verrichtet werden. Wer das Terawih-Gebet in zehn Durchgängen (also mit dem Schlussgruß nach je zwei Rek'ah) betet, der verrichtet es genauso, wie man das Pflichtgebet des Fedschr-Gebetes verrichtet. Wer das Terawih-Gebet in fünf Durchgängen (also mit dem Selam nach vier Rek'ah) betet, der verrichtet es genauso, wie das Sunneh-Gebet des Nachmittags.

Das Terawih-Gebet (zusammen mit dem Ischa-Gebet)

	Vorsunneh	Fard	Nachsunneh	Terawih	Wadschib
Ischa	4	2	2		
Terawih				20	
Witr					3

Der Begriff Terawih bedeutet „sich ausruhen“. Dieses Salah wurde so benannt, weil man zwischen den einzelnen Durchgängen kurze Pausen einlegt, um sich auszuruhen. Das Terawih-Gebet sollte also nicht zu hastig verrichtet werden, sondern man sollte sich dafür genauso viel Zeit nehmen, wie für die Verrichtung aller anderen Salah auch.

Wer nicht fastet, weil er auf Reisen ist oder einen anderen Entschuldigungsgrund hat, darf trotzdem das Terawih-Gebet verrichten, denn die Verrichtung des Terawih-Gebetes ist keine Sunneh des Sawm (Fastens), sondern eine Sunneh des Ramadans.

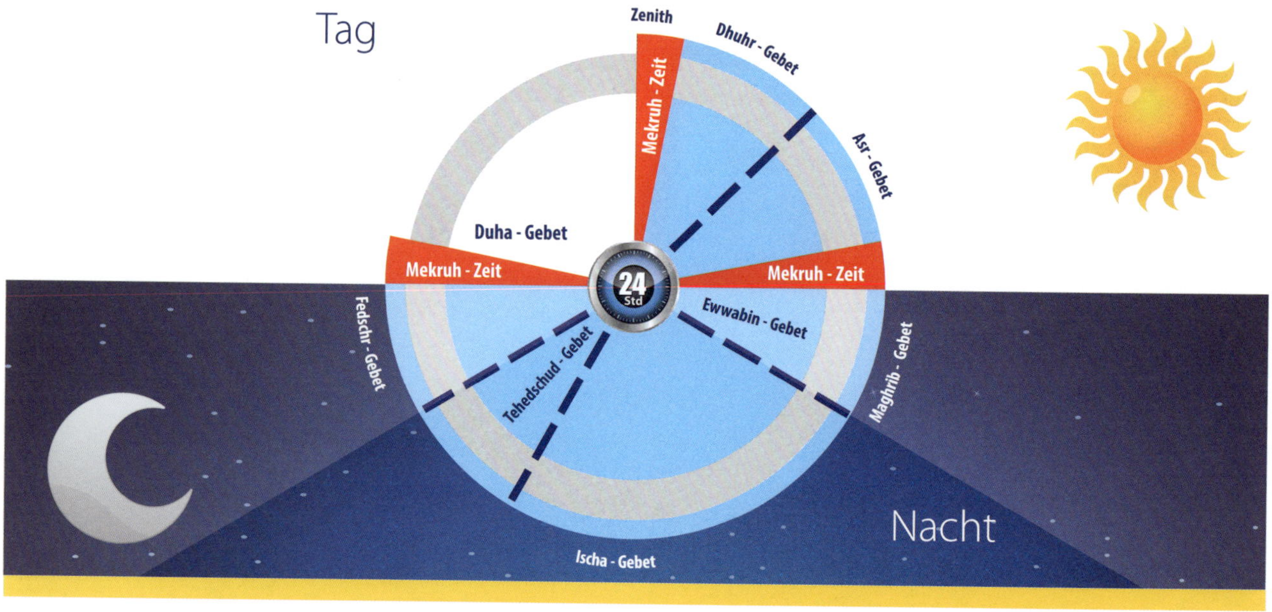

Das freiwillige Salah

Alle Salah, die keine Pflicht- oder Wadschib-Gebete sind, sind freiwillige Salah. Auf arabisch werden sie entweder Nafileh („freiwillige Mehrleistung“) oder Tetawwu („freiwilliger Dienst“) genannt. Der Prophet Muhammed ﷺ berichtete uns von den vielen Vorzügen der Nafileh-Gebete und empfahl uns diese zu verrichten. Es gibt viele Arten von freiwilligen Salah, die alle ihren speziellen Nutzen haben. Einige von diesen wollen wir im Folgenden kurz vorstellen:

Das Duha-Gebet:
Dieses Salah besteht aus zwei, vier oder acht Rek'ah und wird zwischen dem Ende der Mekruh-Zeit des Morgens und dem Anbruch der Mekruh-Zeit des Mittags verrichtet.*

Das Ewwabin-Gebet:
Dieses Salah besteht aus zwei, vier oder sechs Rek'ah und wird im Anschluss an das Maghrib-Gebet (Abendgebet) verrichtet.

Das Tehedschud-Gebet:
Dieses Salah besteht aus mindestens zwei Rek'ah und wird in der Zeit zwischen dem Ischa- und dem Fedschr-Gebet verrichtet. Entweder wird es vor dem Schlafengehen verrichtet, dann nennt man es Salatul-Leyl oder nachdem man etwas geschlafen hat und dann dafür aufsteht, dann nennt man es Tehedschud. Das Verrichten dieses Salah bringt großen göttlichen Lohn mit sich und das Du'a (Bittgebet) im letzten Drittel der Nacht ist besonders wirkungsvoll.

Das Tehiyyetul Mesdschid-Gebet:
Tehiyyetul Mesdschid bedeutet wortwörtlich „Begrüßung der Moschee.“ Gemeint ist hiermit: „Ehrerbietung für den Herrn der Moschee.“ Dieses Salah besteht aus zwei Rek'ah und wird unmittelbar nach dem Betreten einer Moschee – noch bevor man sich hinsetzt – verrichtet.**
Es gilt als besonders tugendhaft und ist ein besonderes Zeichen der Wertschätzung für das Gotteshaus.

* Die Mekruh-Zeit des Morgens dauert bis ca. 45 Minuten nach Sonnenaufgang und die Mekruh-Zeit des Mittags beginnt ca. 30 Minuten vor dem Anbruch der Zeit des Mittagsgebets.

** Dabei sollte man allerdings darauf achten, dass man sich nicht in der Mekruh-Zeit befindet. Betritt man eine Moschee während einer Mekruh-Zeit, dann verrichtet man das Tehiyyetul Mesdschid-Gebet nicht.

Das Dankgebet des Wudu:
Dieses Salah besteht aus zwei Rek'ah und wird verrichtet nachdem man den Wudu- bzw. den Ghusl durchgeführt hat.

Das Istikhareh-Gebet:
Dieses Salah besteht aus zwei Rek'ah. Man verrichtet es, um den göttlichen Beistand bei der Findung einer richtigen Entscheidung in einer wichtigen Angelegenheit zu erbitten.
Nachdem man die zwei Rek'ah verrichtet hat, bittet man Allah den Erhabenen darum, dass Er einem bei der Entscheidungsfindung helfen und die richtige Entscheidung eingeben möge. Wenn man anschließend eine Eingebung bekommt so folgt man dieser, ansonsten handelt man entsprechend seiner inneren Neigung.

Das Istighfar-Gebet:
Hat der Muslim einen Fehler begangen oder gesündigt, so muss er dies aufrichtig bereuen. Um sich von seinen Sünden zu reinigen soll er das Istighfar-Gebet (Reuegebet) durchführen. Dabei führt er den Wudu durch, betet anschließend zwei Rek'ah, bittet danach Allah ﷻ um Vergebung und kann dann auf Allahs ﷻ Vergebung hoffen.

Der Gesandte Allahs ﷺ sagte:

„Es gibt keinen Gottesdiener, der eine Sünde begeht und sich dann auf schöne Weise reinigt (indem er die rituelle Teilwaschung durchführt), danach zwei Rek'ah betet und dann Allah um Verzeihung bittet, ohne dass Allah ihm verzeiht."
(Ebu Dawud, 1521, 321/26).

Die Sedschdetu Sehw (Ersatzniederwerfung)

Während des Salah passieren uns immer wieder Fehler. Manche davon werden geduldet, andere führen zur Ungültigkeit des Salah und wieder andere erfordern die Ausführung einer Sedschdetu Sehw (Ersatzniederwerfung), auch Niederwerfung des Vergessens genannt. Es ist wadschib, eine Sedschdetu Sehw durchzuführen, wenn man:

- eine Pflichthandlung des Salah verzögert,
- einen Wadschib-Bestandteil des Salah verzögert oder ganz auslässt.

Lässt man hingegen eine Pflichthandlung des Salah komplett aus, so wird das Salah ungültig, egal ob dies aus Absicht oder aus Vergesslichkeit heraus geschehen ist.

Die Ausführung der Sedschdetu Sehw

Sollte der Imam im Salah einen Fehler gemacht haben, der eine Sedschdetu Sehw notwendig werden lässt, dann führt er beim Endsitzen – direkt nach der Rezitation der Ettehiyyatu – den Schlussgruß zur rechten Seite aus. Nach links grüßt er nicht, damit die Mitbetenden nicht meinen, das Salah sei bereits beendet. Danach führt er zweimal die Sudschud aus und rezitiert anschließend abermals die Ettehiyyatu und dazu wie gewohnt die Segenswünsche und Du'a und beendet danach das Salah. Sollte der Alleinbetende einen Fehler gemacht haben, der eine Sedschdetu Sehw notwendig werden lässt,

1 dann führt er nach der Ettehiyyatu den Schlussgruß nach beiden Seiten aus,

2 führt zweimal die Sudschud aus

3 und rezitiert dann abermals die Ettehiyyatu und zusätzlich die Segenswünsche und Bittgebete und beendet danach das Salah mit dem Schlussgruß nach Rechts und Links.

Sollte man während eines Salah mehrere Fehler begangen haben, die jeder für sich genommen eine Sedschdetu Sehw erforderlich machen würden, so reicht es aus, die Sedschdetu Sehw nur einmal durchzuführen.

Sollte man hinter einem Imam beten und einen Fehler begangen haben, der eine Sedschdetu Sehw erforderlich machen würde, dann braucht man dafür keine Sedschdetu Sehw auszuführen. Denn für die Verpflichtung zur Durchführung einer Sedschdetu Sehw im Gemeinschaftsgebet sind einzig und allein die Fehler des Imam ausschlaggebend.

Jeder Muslim muss die Pflicht- und Wadschib-Handlungen des Salah kennen, damit er weiß, durch welche Handlungen sein Salah ungültig und wann eine Sedschdetu Sehw erforderlich wird.

SALAH

1

2

3

Die Menschen schlafen und wenn sie sterben erwachen sie.

Ali Bin Ebu Talip ﷺ

Salatul Dschenazeh (Totengebet)

Das Salatul Dschenazeh ist eine Fürbitte für den Verstorbenen. Seine Verrichtung ist die kollektive Pflicht (Fardul Kifayeh) aller Muslime. Dies bedeutet, dass alle ortsansässigen Muslime dafür verantwortlich sind, dass das Totengebet für einen Muslim ihres Ortes durchgeführt wird. Sobald einige von ihnen dieser Verantwortung nachkommen, ist der Rest von ihnen von dieser Verantwortung befreit. Für die Teilnahme am Totengebet wird – wie für alle anderen Salah auch – die rituelle Reinheit vorausgesetzt.

Der Ablauf des Totengebetes

Nachdem der Verstorbene gewaschen und ins Leichentuch gewickelt wurde, wird er vor den Teilnehmern des Salatul Dschenazeh aufgebahrt. Der Imam stellt sich vor dem Verstorbenen auf und die Gemeinde versammelt sich hinter ihm. Danach fassen der Imam und die Mitbetenden die Niyyeh zur Verrichtung des Salatul Dschenazeh. Dabei muss in der Niyyeh erwähnt werden, ob es sich bei dem Verstorbenen um einen Mann oder eine Frau handelt.
Die Absicht für das Salatul Dschenazeh lautet folgendermaßen:
„Ich beabsichtige für Allah das Salatul Dschenazeh für diesen verstorbenen Mann (diese verstorbene Frau) zu verrichten und schließe mich dabei dem Imam an.“

Wenn man nicht mitbekommen hat, ob es sich bei dem Verstorbenen um einen Mann oder eine Frau handelt, dann fasst man folgende Absicht:

„Ich beabsichtige für Allah das Salatul Dschenazeh zu verrichten. Dabei folge ich der Absicht des Imam und schließe mich ihm an.“

Danach hebt der Imam die Hände auf Ohrenhöhe, spricht den Eröffnungs-Tekbir und platziert die Hände wie gewohnt unterhalb des Bauchnabels. Die Mitbetenden folgen ihm dabei. Anschließend rezitiert man leise das Bittgebet Subhaneke mit dem folgenden Zusatz: *„We dschelle Thena'uke“.**
Danach spricht der Imam den zweiten Tekbir, ohne dabei die Hände zu heben.w Die Mitbetenden sprechen den Tekbir leise nach. Nach dem zweiten Tekbir werden die Segenswünsche Alla-

*** Die Subhaneke ist, zusammen mit dem Zusatz für das Totengebet, im letzten Teil dieses Buches aufgeführt.**

Nicht der Tod ist das (eigentliche) Verderbnis. Das eigentliche Verderbnis ist, nicht zu wissen, was einem nach dem Tod erwartet.

Imam Rabbani قدس سره

humme Salli und Allahumme Barik gesprochen. Anschließend spricht der Imam den dritten Tekbir, ohne dabei die Hände zu heben. Danach rezitiert der Vorbeter leise die überlieferten Bittgebete zum Salatul Dschenazeh und alle Teilnehmer des Totengebets, die diese Bittgebete auswendig kennen, sprechen diese ebenfalls leise. Wer diese speziellen Du'a nicht auswendig kennt, rezitiert stattdessen die Sure El-Fatihah mit der Absicht eines Bittgebetes. Danach spricht der Imam den vierten Tekbir und beendet anschließend das Salatul Dschenazeh mit dem Schlussgruß. Es ist mustehabb (erwünscht), dass man nach dem Ende des Salatul Dschenazeh den Verstorbenen noch bis zu seinem Grab begleitet, sich an den anfallenden Bestattungsarbeiten beteiligt und Du'a für ihn spricht, während er begraben wird. Diese Handlungen bringen den Gläubigen viel göttlichen Lohn ein.

Die überlieferten Bittgebete während des Totengebetes

Handelt es sich bei dem Verstorbenen um einen Mann, so wird beim Salatul Dschenazeh das folgende Du'a gesprochen:

اَللّٰهُمَّ اغْفِرْ لِحَيِّنَا وَمَيِّتِنَا وَشَاهِدِنَا وَغَائِبِنَا وَصَغِيرِنَا
وَكَبِيرِنَا وَذَكَرِنَا وَاُنْثَانَا اَللّٰهُمَّ مَنْ اَحْيَيْتَهُ مِنَّا فَاَحْيِهِ
عَلَى الْاِسْلَامِ وَمَنْ تَوَفَّيْتَهُ مِنَّا فَتَوَفَّهُ عَلَى الْاِيمَانِ
وَخُصَّ هٰذَا الْمَيِّتَ بِالرَّوْحِ وَالرَّاحَةِ وَالْمَغْفِرَةِ
وَالرِّضْوَانِ اَللّٰهُمَّ اِنْ كَانَ مُحْسِنًا فَزِدْ فِى اِحْسَانِهِ
وَاِنْ كَانَ مُسِيئًا فَتَجَاوَزْ عَنْهُ وَلَقِّهِ الْاَمْنَ وَالْبُشْرٰى
وَالْكَرَامَةَ وَالزُّلْفٰى بِرَحْمَتِكَ يَا اَرْحَمَ الرَّاحِمِينَ

„O Allah! Vergib unseren Lebenden, unseren Toten, unseren Jungen, unseren Alten, unseren Männern, unseren Frauen, unseren Anwesenden und unseren Abwesenden! O Allah! Lass jenen unter uns, den du am Leben lässt, als Gläubigen leben und lass jenen unter uns, den du versterben lässt, im Islam versterben! Und schenke diesem Toten

Segen, Frieden, Barmherzigkeit, Vergebung und Wohlgefallen. O Allah! Wenn er ein Wohltäter war, so mehre seine Wohltaten und wenn er ein Übeltäter war, so verzeihe ihm! Und lass ihn Dir wegen Deiner Barmherzigkeit in Sicherheit, froher Kunde, Ehre und Nähe entgegentreten, o Barmherzigster der Barmherzigen.“

Ist die Verstorbene eine Frau, so spricht man den ersten Teil der obigen Du'a und fügt nach *„we khussa“* folgenden Zusatz hinzu:

وَخُصَّ هٰذِهِ الْمَيِّتَةَ بِالرَّوْحِ وَالرَّاحَةِ وَالْمَغْفِرَةِ
وَالرِّضْوَانِ اَللّٰهُمَّ اِنْ كَانَتْ مُحْسِنَةً فَزِدْ فِى اِحْسَانِهَا

وَاِنْ كَانَتْ مُسِيئَةً فَتَجَاوَزْ عَنْهَا وَلَقِّهَا الْاَمْنَ وَالْبُشْرٰى
وَالْكَرَامَةَ وَالزُّلْفٰى بِرَحْمَتِكَ يَا اَرْحَمَ الرَّاحِمِينَ

„O Allah! Wenn sie eine Wohltäterin war, so mehre ihre Wohltaten und wenn sie eine Übeltäterin war, so verzeih ihr. Und lass sie Dir wegen Deiner Barmherzigkeit in Sicherheit, froher Kunde, Ehre und Nähe entgegentreten, o Barmherzigster der Barmherzigen.“

Ist der Verstorbene ein (noch nicht geschlechtsreifer) Knabe, so fügt man beim Du'a für den Mann statt *„we men teweffeytehu minna fe teweffehu ale'l-iman“* den folgenden Zusatz hinzu:

اَللّٰهُمَّ اجْعَلْهُ لَنَا فَرَطًا اَللّٰهُمَّ اجْعَلْهُ لَنَا اَجْرًا وَذُخْرًا
اَللّٰهُمَّ اجْعَلْهُ لَنَا شَافِعًا وَمُشَفَّعًا

„O Allah! Lass ihn für uns ein vorausgeschickter (Lohn) sein und mach ihn für uns zu einem Verdienst und einem Schatz und lass ihn ein Fürsprecher für uns sein, dessen Fürsprache erhört wird!“

Ist die Verstorbene ein (noch nicht geschlechtsreifes) Mädchen, so fügt man obigem Du'a folgenden Zusatz hinzu:

اَللّٰهُمَّ اجْعَلْهَا لَنَا فَرَطًا اَللّٰهُمَّ اجْعَلْهَا لَنَا اَجْرًا وَذُخْرًا
اَللّٰهُمَّ اجْعَلْهَا لَنَا شَافِعَةً وَمُشَفَّعَةً

„O Allah! Lass sie für uns ein vorausgeschickter (Lohn) sein und mach sie für uns zu einem Verdienst und einem Schatz und lass sie eine Fürsprecherin für uns sein, deren Fürsprache erhört wird!“

Wer diese Du'a nicht auswendig weiß, kann stattdessen die Sure El-Fatihah als Bittgebet oder die Du'a Rabbena Atina und Rabbenaghfirli aufsagen.

Jedes Lebewesen wird den Tod kosten. Und ihr werdet euren Lohn erst am Tage der Auferstehung voll erhalten. Wer also dem Feuer entrückt und ins Paradies geführt wird, der hat es wahrlich erzielt. Und das irdische Leben ist nur ein trügerischer Genuß.

Al-Imran 3/185

Tesbih und Du'a im Anschluss an das Salah

Es ist Sunneh, nach dem Pflichtgebet dreimal die folgende Tewbeh (Reuebekenntnis) zu sprechen:

اَسْتَغْفِرُ اللّٰهَ الَّذٖى لَا اِلٰهَ اِلَّا هُوَ الْحَىَّ الْقَيُّومَ وَاَتُوبُ اِلَيْهِ

„Ich bitte Allah um Vergebung. Es gibt keinen Gott außer Ihm! (Er ist) der Lebendige, der Beständige und Ihm wende ich mich reumütig zu."

Danach spricht man das folgende Tesbih:

اَللّٰهُمَّ اَنْتَ السَّلَامُ وَمِنْكَ السَّلَامُ تَبَارَكْتَ يَا ذَا الْجَلَالِ وَالْاِكْرَامِ

„O Allah! Du allein bist das Heil und von Dir allein kommt das Heil! Erhaben bist Du, o Besitzer der Macht und Güte!"

In den Gebetszeiten, in denen eine Nachsunneh vorgesehen ist (also nach dem Dhuhr-, Maghrib- und Ischa-Gebet) wird nun die Nachsunneh gebetet.
Danach spricht der Muedhin:

عَلٰى رَسُولِنَا الصَّلَوَاتُ

„(Möge) unserem Gesandten der Segen (zuteilwerden)."

Danach spricht jeder für sich seine Salewat auf den Propheten Muhammed ﷺ aus.

Dazu eignet sich beispielsweise die folgende Formel:

اَللّٰهُمَّ صَلِّ عَلٰى مُحَمَّدٍ وَعَلٰى اٰلِ مُحَمَّدٍ

„O Allah! Segne Muhammed und die Angehörigen Muhammeds."
Dann spricht man den folgenden Lobpreis:

سُبْحَانَ اللّٰهِ وَالْحَمْدُ لِلّٰهِ وَلَا اِلٰهَ اِلَّا اللّٰهُ وَاللّٰهُ اَكْبَرُ * وَلَا

حَوْلَ وَلَا قُوَّةَ اِلَّا بِاللّٰهِ الْعَلِيِّ الْعَظِيمِ*

„Allah ist frei von allen Mängeln und menschlichen Eigenschaften und alles Lob gebührt Allah und es gibt keine Gottheit außer Allah und Allah ist größer (als alles Existierende) und es gibt keine Macht (um ein Unheil abwenden zu können) und keine Fähigkeit (um Allah dem Erhabenen gehorsam sein zu können) außer durch (die Barmherzigkeit und den Großmut) Allahs, des Hocherhabenen und Allgewaltigen."

Danach rezitiert man die Ayetul Kursi.*

Anschließend sagt man leise:

33mal *Subhan Allah*
33mal *Elhamdulillah*
33mal *Allahu Ekber.*

Dieses Tesbih kann man unter Zuhilfenahme der Finger oder einer Gebetskette abzählen.

Danach sagt man leise:

لَا اِلٰهَ اِلَّا اللّٰهُ وَحْدَهُ لَا شَرِيكَ لَهُ * لَهُ الْمُلْكُ وَلَهُ الْحَمْدُ وَهُوَ عَلٰى كُلِّ شَيْءٍ قَدِيرٌ

„Es gibt keinen Gott außer Allah. Er ist der Eine und Er hat keinen Teilhaber. Sein ist die Herrschaft und Ihm gebührt alles Lob und Er besitzt die Macht, alle Dinge so durchzusetzen, wie Er es will."

Und anschließend:

سُبْحَانَ رَبِّيَ الْعَلِيِّ الْاَعْلَى الْوَهَّابِ

„Mein Herr ist ohne Mangel. (Er ist) der Erhabene, der Höchste, der Freigiebige!"

Danach hebt man seine Hände mit den Handflächen nach oben auf Brusthöhe und spricht sein Du'a.

Die schönsten Du'a sind jene, die im Edlen Quran aufgeführt sind oder uns vom Propheten Muhammed ﷺ überliefert wurden.

*** Die Ayetul Kursi ist der 255. Vers der Sure El-Baqarah. Dieser Vers ist im letzten Kapitel dieses Buches aufgeführt.**

DU'A

Und wenn dich Meine Diener nach Mir fragen, siehe, Ich bin nahe. Ich will dem Ruf des Rufenden antworten, sobald er Mich ruft.

El-Baqarah 2/186

Die besondere Bedeutung des Du'a

Der Gesandte ﷺ sagte: „*Wahrlich, das Du'a ist die Ibadeh!*"
Danach rezitierte er folgenden Quranvers:
„*Und es sprach euer Herr: „Ruft mich (im Du'a) an, so werde Ich euch erhören. Wahrlich, jene die zu stolz sind, um Mir zu dienen werden entwürdigt in die Hölle eintreten.*"
(Ahmed: Musned 1883; Tirmidhi, 3372).

Das Du'a ist also eine Art des Ibadeh und wird reichhaltig entlohnt. Für die richtige Durchführung des Du'a, sollten wir einige Regeln beachten:
Als erstes müssen wir darauf achten, dass wir mit ganzem Herzen bei der Sache sind, während wir Allah dem Erhabenen unsere Sorgen und Anliegen vortragen. Eine der Hauptursachen, warum die Du'a des Bittenden nicht erhört werden, ist nämlich seine Unachtsamkeit. Vielleicht hat er die Bittgebete auswendig gelernt, ohne überhaupt ihre Bedeutung verstanden zu haben oder er trägt sie hastig und in geistiger Abwesenheit vor. Es ist also wichtig, dass wir voller Hingabe bitten und uns im Klaren darüber sind, worum wir denn eigentlich bitten.
Als nächstes darf man nicht gleich ungeduldig werden, nur weil ein Du'a nicht sofort in Erfüllung geht. Wer Allah ﷻ um etwas bittet, muss auch daran glauben, dass sein Bittgebet vom Ihm erhört wird. Wann Allah der Erhabene aber das Du'a erfüllt, entscheidet Er allein. Manche Du'a erfüllt Er sofort, andere erst nach Jahren, manche erst im Jenseits.
Allah der Erhabene weiß am besten, was gut für uns ist, deshalb sollten wir niemals verzweifeln und niemals daran zweifeln, dass unsere Bitte erhört wurde.

Bekannte Du'a

Mit dem folgenden Du'a, das im Edlen Quran aufgeführt ist, bittet man Allah ﷻ um Wohlergehen im Diesseits und im Jenseits:

رَبَّنَا اٰتِنَا فِي الدُّنْيَا حَسَنَةً وَفِي الْاٰخِرَةِ حَسَنَةً وَقِنَا عَذَابَ النَّارِ

„Unser Herr! Gib uns auf Erden Gutes und im Jenseits Gutes und beschütze uns vor der Pein des Höllenfeuers."

Mit dem nächsten Du'a bitten wir den Erhabenen Allah um Verzeihung für uns, unsere Eltern und die Gläubigen allesamt:

رَبَّنَا اغْفِرْ لِي وَلِوَالِدَيَّ وَلِلْمُؤْمِنِينَ يَوْمَ يَقُومُ الْحِسَابُ

„Unser Herr! Vergib mir, meinen Eltern und den Gläubigen an jenem Tage, an dem die Abrechnung stattfindet."

Mit diesem Du'a bitten wir Allah den Erhabenen, uns nicht vom wahren Weg abirren zu lassen:

رَبَّنَا لَا تُزِغْ قُلُوبَنَا بَعْدَ اِذْ هَدَيْتَنَا وَهَبْ لَنَا مِنْ لَدُنْكَ رَحْمَةً اِنَّكَ اَنْتَ الْوَهَّابُ

„Unser Herr! Lass unsere Herzen nicht (vom rechten Weg) abdriften, nachdem Du uns rechtgeleitet hast und schenke uns Deinen Segen! Wahrlich, Du bist der Gönner!"

Nachdem man sein Du'a vollendet hat, spricht man:

اٰمِينَ وَالْحَمْدُ لِلّٰهِ رَبِّ الْعَالَمِينَ

„Amin! Preis sei Allah, dem Herrn aller Welten!"

Anschließend streicht man sich mit den Handinnenflächen über das Gesicht.
Es ist Sunneh, im Anschluss an das Du'a zehnmal: *„La Ilahe illa Allah"* („Es gibt keinen Gott außer Allah") und nach dem zehnten Mal: *„Muhammedu Rasulullah"* („Muhammed ist der Gesandte Allahs") zu sagen und danach Segenswünsche auf den Propheten Muhammed ﷺ zu sprechen. Das Du'a auf diese Weise abzuschließen, erhöht den göttlichen Lohn.
Zu den Anstandsregeln des Du'a gehört es, dass man einige Male demütig und hingebungsvoll die Formel: *„Estaghfirullah"* („Ich bitte Allah um Vergebung") spricht, nachdem man sein Du'a vollendet hat.
Wenn man die Gebetsstätte verlässt, dann sollte man dies demütig und in der Hoffnung auf die Barmherzigkeit Allahs ﷻ tun.

In ihr steigen die Engel und der Geist (Dschibril) herab mit der Erlaubnis ihres Herrn und Befugnis. Frieden ist sie, bis zum Anbruch der Morgendämmerung.

El-Qadr 97/4

Die Belebung der heiligen Nächte

Um vom Segensreichtum der heiligen Nächte, wie der Leyletul Mi'radsch, der Leyletul Bera und der Leyletul Qadr, besonders profitieren zu können, sollte man in diesen Nächten viele freiwillige Salah verrichten oder versäumte Salah nachholen. Außerdem bittet man in solchen Nächten den Erhabenen Allah um Vergebung für seine Sünden, geht in sich und übt Selbstkritik. Durch den Segen dieser Nächte wird das Herz des Muslims zu neuem Leben erweckt und dadurch wendet er sich wieder verstärkt seinem Herrn zu.

1 Die Leyletul Bera'eh

Zeitpunkt: Dies ist die Nacht in der Mitte des Monats Scha'ban.
Benennung: Die Leyletul Bera'eh ist die „Nacht der Lossagung" oder die „Nacht der Befreiung". Sie wurde so benannt, weil man in dieser Nacht Allah den Erhabenen um die Befreiung von seinen Sünden bittet. Der Gesandte Allahs ﷺ sagte dazu:
„Wenn die Nacht in der Mitte des Scha'ban eingetroffen ist, dann verbringt die Nacht stehend (im Gebet) und den Tag fastend. Denn wahrlich sendet Allah nach dem Untergang der Sonne (einen Engel) zum Himmel der Erde herab und dann sagt Er: ‚Ist hier niemand, der (Mich) um Verzeihung bittet, auf dass Ich ihm verzeihe? Ist hier niemand, der um seinen Lebensunterhalt bittet, auf dass Ich ihn versorge? Ist hier niemand, der ein Unglück erlitten hat, auf dass Ich ihm Wohlergehen verschaffe? Ist hier niemand, der Mich um etwas fragt, auf dass Ich es ihm gebe? Ist hier nicht niemand…? Ist hier niemand…?' (Dies geht solange weiter) bis die Dämmerung anbricht."
(Ibn Madscheh, 1388; Kenzul Ummal, 12/562, 35177).

Außerdem sagte der Gesandte ﷺ über die Leyletul Bera'eh:
„Wahrlich sendet Allah der Erhabene (einen Engel) in der mittleren Nacht des (Monats) Scha'ban in den Himmel der Welt herab, und dann vergibt Er mehr (Sünden) als die (Söhne der) Kelb Schafe (besitzen)."
(Tirmidhi: Sunen: Leyletu Nisfu mine Scha'ban, 191, 739; Ahmed: Musned, 26060).

2 Die Leyletul Mi'radsch

Zeitpunkt: In der 27. Nacht des Monats Redscheb.
Benennung: „Die Leyletul Mi'radsch ist die Nacht der Himmelfahrt". In dieser Nacht fanden die Isra (Nachtreise) und die Mi'radsch (Himmelfahrt) des Gesandten ﷺ statt. Im Edlen Quran heißt es dazu:

سُبْحَانَ الَّذٖىٓ اَسْرٰى بِعَبْدِهٖ لَيْلًا مِنَ الْمَسْجِدِ الْحَرَامِ
اِلَى الْمَسْجِدِ الْاَقْصَا الَّذٖى بَارَكْنَا حَوْلَهُ لِنُرِيَهُ مِنْ
اٰيَاتِنَاۜ اِنَّهُ هُوَ السَّمٖيعُ الْبَصٖيرُ ﴿١﴾

„Gepriesen sei Der, Der bei Nacht Seinen Diener von der heiligen Moschee (in Mekka) zu der fernen Moschee (in Jerusalem), deren Umgebung Wir gesegnet haben, hinführte, auf dass Wir ihm einige Unserer Zeichen zeigten. Wahrlich, Er ist der Allhörende, der Allsehende."
(El-Isra,17/1).

Die Mi'radsch begann auf dem Tempelberg bei der El-Aqsa-Moschee in Jerusalem. Von dort aus ritt der Gesandte ﷺ, begleitet von Dschibril عليه السلام, auf dem Reittier Buraq in den siebten Himmel zum „Letzten Lotosbaum" und von dort in die Gegenwart Allahs, des Erhabenen. Dabei durchquerten sie alle sieben Himmel und trafen dort mit vielen Propheten zusammen. In dieser Nacht wurde den Muslimen das fünfmal tägliche Salah vorgeschrieben.
(Vgl. Bukhari: Feda'ilu Sahabeh, 71, 3674.).

3 Leyletul Qadr

Zeitpunkt: In den letzten zehn Nächten des Monats Ramadan.
Benennung: Die Leyletul Qadr ist die „Nacht der Bestimmung". Der Gesandte ﷺ sagte dazu:
„Sucht die Leyletul Qadr in den letzten zehn (Nächten) des Ramadan!"
(Bukhari: Kitabul Fadli, Leyletul Qadr, 4:220).

Die Sure El-Qadr erzählt von der Leyletul Qadr. Dort heißt es:

اِنَّٓا اَنْزَلْنَاهُ فٖى لَيْلَةِ الْقَدْرِ ﴿١﴾ وَمَٓا اَدْرٰيكَ مَا لَيْلَةُ
الْقَدْرِ ﴿٢﴾ لَيْلَةُ الْقَدْرِ خَيْرٌ مِنْ اَلْفِ شَهْرٍ ﴿٣﴾ تَنَزَّلُ
الْمَلٰٓئِكَةُ وَالرُّوحُ فٖيهَا بِاِذْنِ رَبِّهِمْ مِنْ كُلِّ اَمْرٍ ﴿٤﴾
سَلَامٌ هِىَ حَتّٰى مَطْلَعِ الْفَجْرِ ﴿٥﴾

„Wir sandten ihn (den Edlen Quran) in der Leyletul Qadr. Und was lässt dich wissen, was die Leyletul Qadr ist? Die Leyletul Qadr ist besser als tausend Monate! In ihr steigen die Engel und der Geist herab mit der Erlaubnis ihres Herrn und Befugnis. Frieden ist sie, bis zum Anbruch der Morgendämmerung."
(El-Qadr, 97/1-5).

Wer in der Leyletul Qadr wach bleibt und freiwillige Ibadeh, wie Salah, Quranlesen oder Dhikr verrichtet, dem werden seine Sünden vergeben. Der Gesandte ﷺ sagte dazu:

„Wer die Leyletul Qadr im (freiwilligen) Ibadeh verbringt und daran glaubt (dass die Leyletul Qadr real ist) und damit rechnet, dass er im Jenseits dafür belohnt wird, dem vergibt Allah die Sünden, die er bis dahin vorausgeschickt hat."
(Bukhari: Iman, 24, 35).

Sawm (Fasten)

Das Sawm im Monat Ramadan ist die dritte Säule des Islam und die Pflicht eines jeden Muslims. Das Ziel des Fastens ist die Erlangung von Gottesfurcht.

Im Monat Ramadan ist das Sawm Pflicht für alle:

- geistig gesunden,
- geschlechtsreifen Muslime,
- die keine Monats- oder Wochenbettblutungen haben,
- gesund
- und ortsansässig sind.

Nicht verpflichtet zu fasten sind alle:

- Nichtmuslime,
- geistig Behinderten,
- Kinder, die noch nicht geschlechtsreif sind,
- Frauen, die ihre Monats- oder Wochenbettblutungen haben,
- Kranken (die so Krank sind, dass sie nicht fasten können),
- und Reisenden.

Wer im Monat Ramadan nicht fastet, weil er auf Reisen oder krank ist, muss die versäumten Fastentage zu einem späteren Zeitpunkt nachfasten. Das Sawm auf Reisen ist jedoch gültig und gilt als besonders tugendhaft. Das Sawm von Kindern ist gültig und tugendhaft und bringt göttlichen Lohn ein. Wer in der Nacht isst, um sich damit für das Sawm des nächsten Tages zu stärken, erhält dafür göttlichen Lohn. Genauso verhält es sich mit einer Mahlzeit, die man kurz vor der Morgendämmerung einnimmt. Diese Mahlzeit nennt man Sahur. Darüber hinaus erhält man göttlichen Lohn dafür, dass man das Sawm möglichst früh bricht (also sofort nachdem die Zeit des Iftar (Fastenbrechen) angebrochen ist), das Sawm mit Datteln oder mit Wasser bricht oder folgendes Du'a vor dem Brechen des Sawm spricht:

بِسْمِ اللهِ اَللّٰهُمَّ لَكَ صُمْتُ وَعَلٰى رِزْقِكَ اَفْطَرْتُ تَقَبَّلْ
مِنّى اِنَّكَ اَنْتَ السَّمِيعُ الْعَلِيمُ

„Mit dem Namen Allahs (breche ich mein Fasten). O Allah! Für Dich habe ich gefastet und mit der Nahrung, die Du uns gibst, breche ich mein Fasten. Nimm (diese Ibadeh) von mir an! Wahrlich bist Du der Allhörende, der Allwissende."

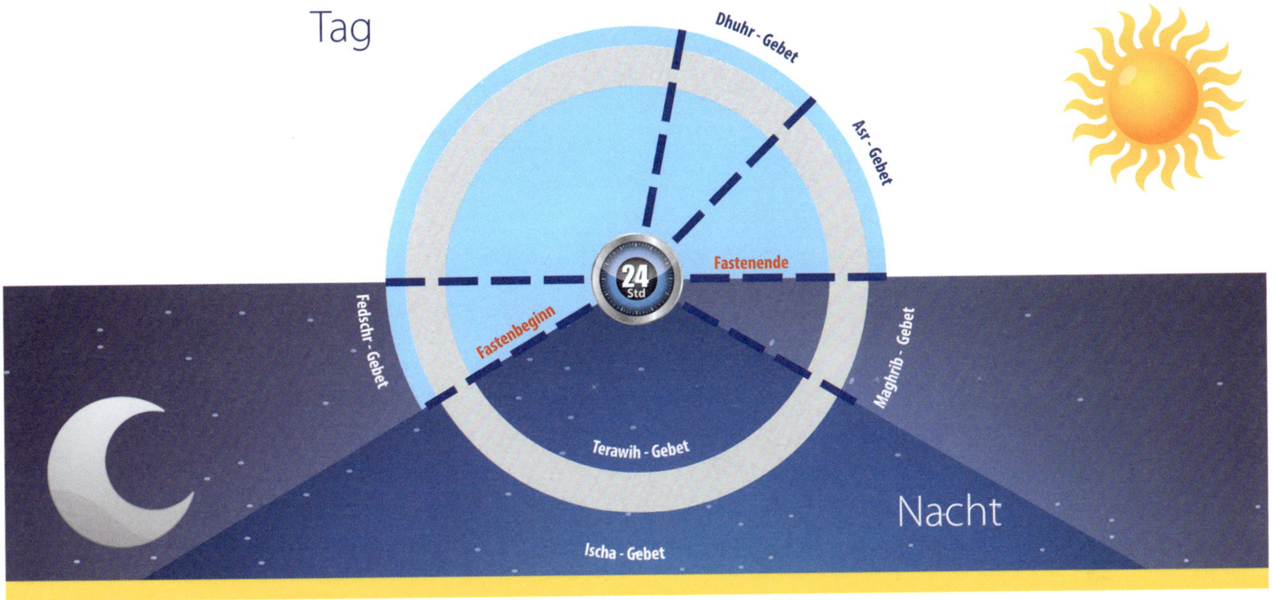

Voraussetzungen für die Gültigkeit des Sawm

Die Niyyeh (Absicht):

Für die Gültigkeit des Sawm ist es notwendig, dass man die Absicht dazu fasst, für das Wohlgefallen Allahs ﷻ zu fasten. Wer auf Essen und Trinken und die anderen Dinge verzichtet, die einem Fastenden nicht erlaubt sind, aber nicht die Absicht zum Sawm gefasst hat, dessen Sawm ist keine Ibadeh und wird von Allah dem Erhabenen nicht akzeptiert.

Für die Gültigkeit der Absicht reicht es aus, dass man in seinem Inneren (Herzen) weiß, was man wofür tut (dass man also für das Wohlgefallen des Erhabenen Allah fastet).

Das Freisein von Monats- oder Wochenbettblutungen:

Solange Frauen ihre Monatsblutungen haben oder sich im Wochenbett befinden, dürfen sie nicht fasten. Die versäumten Fastentage müssen sie zu einem späteren Zeitpunkt nachholen.

Der Zeitraum des Sawm und die Zeit des Fassens der Niyyeh:

Das Sawm beginnt mit dem Anbruch der Morgendämmerung und endet mit dem Sonnenuntergang.

Es reicht aus, die Absicht mit dem Herzen zu fassen, man muss diese nicht extra aussprechen.

Ebenfalls als gültige Absicht gilt es, wenn man vor Anbruch der Morgendämmerung aufsteht, um etwas zu essen oder zu trinken. Trotzdem empfehlen viele Gelehrte das Aussprechen der Niyyeh (Absichtsbekundung), um eventuelle Wesweseh (Zweifel) des Fastenden an der Gültigkeit seines Sawm restlos zu beseitigen.

Für die Gültigkeit des Pflichtfastens (wie das Fasten im Monat Ramadan) und des freiwilligen Fastens ist es notwendig, dass die Absicht dafür zwischen dem Sonnenuntergang des Vorabends des Fastentages und dem Eintritt der Mekruh-Zeit des Dhuhr-Gebetes des Fastentages gefasst wird. Dasselbe gilt für dasjenige Gelöbnisfasten, bei dem man gelobt hat, an bestimmten festgesetzten Tagen zu fasten.*

* **Beispiel:** ***„Wenn mir Allah ein Kind schenkt, dann faste ich die ersten zehn Tage des Monats Redscheb."***

O ihr, die ihr glaubt! Euch wurde das Fasten vorgeschrieben, genauso wie es jenen vorgeschrieben wurde, die vor euch waren; auf dass ihr gottesfürchtig werden möget.

El-Baqarah 2/183

Auch wenn die Absicht für das Sawm bis kurz vor Mittag gefasst werden darf, so müssen doch ab Anbruch der Morgendämmerung alle Fastenvorschriften beachtet werden. Jeder Fastentag im Ramadan ist eine eigene Ibadeh für sich. Darum muss für jeden einzelnen Fastentag im Ramadan die Niyyeh (Absicht) gesondert gefasst werden.

Beim Nachholen von Fastentagen und beim Keffareh-Fasten* (Sühnefasten) muss die Absicht noch vor Anbruch der Morgendämmerung gefasst werden. Dies gilt genauso für dasjenige Gelöbnisfasten, bei dem der Zeitpunkt des Fastens bei der Ablegung des Gelöbnisses nicht festgelegt wurde.** Bei allen Arten des Sawm darf man sich also schon in der Nacht vor dem Fastentag dazu entscheiden, am nächsten Tag zu fasten. Dies bedeutet aber nicht, dass man schon ab dem Zeitpunkt, zu dem man seine Absicht gefasst hat, die Fastenregeln beachten muss. Man darf solange essen und trinken, bis der Morgen anbricht, denn erst mit Anbruch der Morgendämmerung beginnt der Fastentag und erst dann werden die Fastengebote wirksam.

Reisende, Kranke, Schwangere oder Mütter in der Stillzeit, die befürchten***, dass ihr Kind durch ihr Sawm Schaden nehmen könnte, dürfen das Sawm verschieben und zu einem späteren Zeitpunkt nachholen. Sehr schwache und sehr alte Personen müssen für die Tage, an denen sie zu schwach waren zu fasten, eine Fidye (Ausgleich) in Form von Lebensmitteln oder Geld an bedürftige Muslime entrichten.

Umstände, die nicht dazu führen, dass das Sawm gebrochen wird:

- Wer aus Vergesslichkeit heraus etwas isst, trinkt oder Geschlechtsverkehr hat, der bricht sein Fasten nicht. Sollte man sich aber während des Essens, des Trinkens oder des Beischlafs daran erinnern, dass man eigentlich fastet, dann muss man die verbotene Handlung sofort einstellen, sonst hat man sein Sawm gebrochen. Wer einen Fastenden sieht,

*** Das Keffareh-Fasten (Sühneleistung) ist eine Buße für das absichtliche Brechen des Fastens vor dem Sonnenuntergang an einem Tag im Monat Ramadan.“**

**** Beispiel:** ***„Wenn mir Allah ein Kind schenkt, dann faste ich zehn Tage.“***

***** Dieser Befürchtung muss entweder persönliche Erfahrung, eine berechtigte Vermutung oder das Urteil eines muslimischen Facharztes zugrunde liegen.**

der versehentlich isst oder trinkt, der muss ihn unverzüglich daran erinnern, dass Fastenzeit ist.

- Der Samenerguss, der während des Schlafs durch einen Traum (und nicht durch Körperkontakt) zustande kam.
- Das Verweilen im Dschunub-Zustand bis nach dem Anbruch der Morgendämmerung.
- Das Herunterschlucken von Spucke, die sich im Mund angesammelt hat oder von Feuchtigkeit, die nach der Ausführung des Wudu oder Ghusl im Mundraum verblieben ist.
- Das Eindringen von Wasser in die Ohren.
- Das versehentliche Einatmen von Rauch oder das Verschlucken von Staub, Insekten oder ähnlichem.
- Das unbeabsichtigte Erbrechen, unabhängig von der Menge des Erbrochenen.
- Das Schminken der Augen.
- Die Blutentnahme.
- Das Berühren des Ehepartners, ohne dass es dabei zum Samenerguss kommt. Durch einen Samenerguss, den man durch das Betrachten einer Frau (ohne sie dabei zu berühren) oder die bloße Vorstellung irgendwelcher Dinge (ohne dass man dabei sein Geschlechtsorgan berührt hat) bekommen hat, wird das Fasten ebenfalls nicht gebrochen.

Umstände, die das Sawm ungültig machen und das Nachholen des Fastens erfordern:

- Das Essen von Substanzen, die für gewöhnlich nicht gegessen werden, wie Kohle, roher Reis, Mehl, roher Brotteig, Erde, Steine, usw.
- Das Einführen von Medikamenten in den Anus oder das Geschlechtsorgan.
- Das Träufeln von Medizin in die Nase oder den Hals.
- Das unbeabsichtigte Verschlucken von Regentropfen, Hagelkörnern oder Schneeflocken.
- Das unbeabsichtigte Verschlucken von Wasser beim Mundausspülen oder bei der Nasenreinigung (z. B. während des Wudu).
- Das Essen und Trinken nach der Morgendämmerung, in der Annahme, die Morgendämmerung sei noch nicht angebrochen.
- Das Fastenbrechen vor Sonnenuntergang, in der Annahme, die Sonne sei bereits untergegangen.
- Ein Samenerguss, der ohne Geschlechtsverkehr und lediglich durch das Berühren oder das Küssen der Ehefrau oder durch Masturbation erfolgt.
- Wenn eine ortsansässige Person, die den Tag fastend begonnen hat, im Laufe des Tages verreist und dann das Fasten bricht.
- Wenn man sich eine Impfung oder ein Medikament per Spritze verabreichen lässt.
- Wenn nach Anbruch der Morgendämmerung ein nichtfastender Reisender in seinen Heimatort zurückkehrt, ein Kranker gesund wird oder die Monats- oder Wochenbettblutungen einer Frau enden, dann verhalten sich diese Personen für den Rest des Tages wie Fastende: Sie halten sich bis Sonnenuntergang an alle Fastengebote. Trotzdem müssen sie diesen Tag zu einem späteren Zeitpunkt nachholen.

Umstände, die das Sawm ungültig machen und sowohl das Nachholen des Sawm als auch eine Keffareh (Sühneleistung) erforderlich machen:

- Das absichtliche Essen oder Trinken oder der absichtliche Geschlechtsverkehr.
- Das absichtliche Verschlucken von Regentropfen, Hagelkörnern oder Schneeflocken.
- Das Rauchen von Zigaretten, Pfeifen oder Ähnlichem.
- Das Essen oder Trinken, nachdem man etwas getan hat, von dem man annimmt, dass es das Fasten gebrochen hat, obwohl dies zweifelsfrei nicht der Fall war (wie beispielsweise die üble Nachrede, das Blutspenden, oder die Liebkosung ohne dass es dabei zum Samenerguss kam).

Die Keffareh (Sühneleistung des Fastens)

Es gibt verschiedene Arten von Keffareh (Sühneleistungen). Diese sind hierarchisch geordnet; man darf also nicht frei wählen, welch Sühneleistung man erbringen will. Erst wenn man nicht dazu in der Lage ist, die übergeordnete Art der Sühneleistung zu erbringen, darf man auf die in der Rangordnung darunter angesiedelte Keffareh ausweichen. An erster Stelle steht das Freilassen eines Leibeigenen. Da es heutzutage in der Regel keine Leibeigenen mehr gibt, scheidet diese Option aus. Danach folgt das durchgehende Fasten von zwei Monaten (nach dem Mondkalender) am Stück. Man muss also 60 bzw. 59 Tage in Folge – ohne einen einzigen Tag dazwischen auszusetzten – fasten. Zusammen mit dem nachzuholenden Tag, ergibt dies 61 (bzw. 60) Tage, die zu fasten sind.
Wenn man – aus gesundheitlichen Gründen – bis zu seinem Lebensende nicht in der Lage ist, zwei Monate durchgehend zu fasten, dann speist man stattdessen 60 Bedürftige jeweils einen Tag lang, morgens und abends oder einen Bedürftigen 60 Tage lang, ebenfalls zweimal täglich.
Wenn Frauen Sühnefasten müssen, so beeinträchtigt ihre Periode nicht die Gültigkeit ihres Sühnefastens. Sie holen die Tage, an denen sie ihre Monatsblutungen hatten, zu einem späteren Zeitpunkt nach.
Eine Sühneleistung wird nur dann erforderlich, wenn man das Pflichtfasten im Monat Ramadan gebrochen hat. Bricht man ein Sawm außerhalb des Monats Ramadan – auch wenn es sich hierbei um Pflichtfastentage handelt, die nachgeholt werden – so ist hierfür keine Keffareh erforderlich. In diesem Fall müssen lediglich jene Tage nachgefastet werden, an denen man das Fasten gebrochen hat.
Wenn man an einem Pflichtfastentag im Monat Ramadan keine Absicht zum Fasten gefasst hat und sich dann tagsüber nicht an die Fastengebote hält, dann muss man hierfür keine Keffareh erbringen, da man ohne gültige Absicht gar nicht fasten und folglich auch sein Sawm nicht brechen kann.
Man sollte sich aber von diesem Rechtsurteil nicht dazu verleiten lassen, im Monat Ramadan nicht zu fasten. Denn für jemanden, der zum Fasten im Monat Ramadan verpflichtet ist, ist es eine große Sünde, im Monat Ramadan nicht zu fasten. Wenn man es aber unabsichtlich versäumt hat, die Absicht zu fassen, dann ist dies keine Sünde und man fastet einfach den versäumten Tag zu einem späteren Zeitpunkt nach.
Kurz gesagt: Eine Sühneleistung für das Sawm wird nur dann fällig, wenn man unentschuldigt und vorsätzlich ein beabsichtigtes und bereits begonnenes Fasten im Monat Ramadan gebrochen hat.

Fidyeh (Ausgleich für die Entbindung von der Pflicht zu Fasten)

Nur Menschen, die so alt oder so schwach sind, dass sie nicht mehr dazu in der Lage sind zu fasten, dürfen sich der Verpflichtung des Fastens enthalten. Altersschwache oder chronisch kranke Menschen, die nicht in der Lage sind zu fasten und auch nicht in der Lage sind, dieses Fasten zu einem späteren Zeitpunkt nachzuholen, leisten für jeden versäumten Pflichtfastentag folgenden Ausgleich: Sie speisen morgens und abends einen Bedürftigen oder spenden den Gegenwert dieser zwei Mahlzeiten an einen Bedürftigen. Der Geldwert der Fidyeh richtet sich nach den Lebensmittelpreisen vor Ort. Deshalb kann die Fidyeh von Ort zu Ort und von Zeit zu Zeit, unterschiedlich hoch ausfallen.

Sadeqatul Fitr oder Zekatul Fitr (Almosen am Ende des Fastenmonats)

Die Entrichtung der Sadeqatul Fitr am Morgen des Idul Fitr (Festtages des Fastenbrechens) ist wadschib für jeden wohlhabenden Muslim. Diese Spende darf nur an bedürftige Muslime ausgehändigt werden.
Mit „wohlhabend" sind hier alle Personen gemeint, die dazu verpflichtet sind, die Zekah (Pflichtabgabe) zu entrichten.* Ausschlaggebend für die Verpflichtung der Entrichtung der Sadeqatul Fitr ist der Wohlstand, den man am Morgen des Idul Fitr besitzt. Hierbei spielt es keine Rolle, ob sich das Vermögen bereits ein Jahr lang im Besitz des Gläubigen befindet (wie bei der Verpflichtung zur Zahlung der Zekah) oder nicht. So müssen also auch Personen die Sadeqatul Fitr bezahlen, die erst kurz vor- oder sogar erst am Morgen des Idul-Fitr wohlhabend geworden sind.

Selbstverständlich dürfen auch nichtwohlhabende Muslime die Sadeqatul-Fitr entrichten, dies ist sehr tugendhaft und segensreich.
Die Sadeqatul Fitr wird fällig, sobald der Morgen des Idul-Fitr (der erste Tag nach Ramadan) angebrochen ist. Sie muss spätestens bis zum Beginn des Festtagsgebetes entrichtet werden. Sie darf allerdings auch schon einige Tage vorher ausgehändigt werden. Falls man die Sadeqatul Fitr bis zum Beginn des Festtagsgebetes noch nicht den Bedürftigen übergeben hat, holt man dies so schnell wie möglich nach. Falls man diese Verspätung selbst verschuldet hat, dann muss man zusätzlich dazu Allah den Erhabenen um Vergebung bitten. Um den Bedürftigen eine größere Freude zu bereiten, empfiehlt es sich, mit der Gabe der Sadeqatul-Fitr nicht bis zum letzten Moment zu warten, sondern diese schon vorzeitig zu spenden.
Das Familienoberhaupt ist dazu verpflichtet, neben der Sadeqatul Fitr für sich selbst, diese auch für seine noch nicht geschlechtsreifen Kinder zu entrichten. Die Sadeqatul Fitr ist die Versorgung eines Bedürftigen mit Lebensmittel für einen Tag (morgens und abends). Diese Gabe kann aus Datteln, Gerste, Rosinen, Weizen oder Mehl bestehen. Am besten ist es für den Empfänger der Spende, wenn man ihm den Gegenwert der Sadeqatul-Fitr in Bargeld aushändigt. Als Empfänger dieser Spende sollte man die eigenen Verwandten und Nachbarn bevorzugen.**

Die Gabe an den Bedürftigen erreicht Allah, noch bevor sie den Bedürftigen erreicht.

Mewlana Dschelaleddin Rumi قدس الله سره

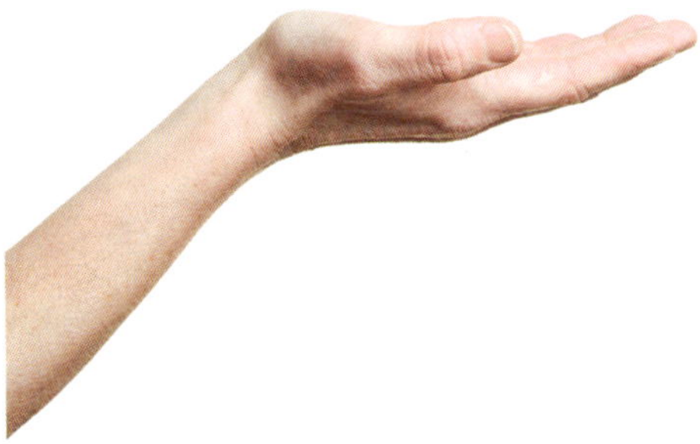

*** Nach den islamischen Rechtsgelehrten gilt derjenige als wohlhabend, der über seinen Grundbedarf hinaus ein Vermögen (Güter oder Geld) im Gegenwert von 90 Gramm Gold besitzt. Siehe auch das folgende Thema: Zekah (Die Pflichtabgabe).**

**** Genauso ist es bei der Entrichtung der Fidyeh, der Zekah und allen Arten von Spenden: Als allererstes sollte man immer jenen geben, die es am meisten von einem erwarten, also den Verwandten und Nachbarn.**

Und verrichtet das Salah und gebt die Zekah. Was ihr Gutes für eure Seelen vorausendet, das werdet ihr bei Allah finden. Siehe, Allah sieht, was ihr tut.

El-Baqarah 2/110

Zekah (Pflichtabgabe)

Die Entrichtung der Zekah (Pflichtabgabe) ist der vierte Grundpfeiler des Islam.

Die Entrichtung der Zekah ist die Pflicht aller:

- geistig gesunden,
- freien (d.h. die keine Leibeigenen sind),
- geschlechtsreifen,
- wohlhabenden
- Muslime (sowohl Männer als auch Frauen).

Welche Bedeutung Allah der Erhabene der Zekah beimisst, wird dadurch deutlich, dass diese an fast vierzig Stellen im Edlen Quran Erwähnung findet. Jeder Gläubige ist daher dazu verpflichtet, anzuerkennen, dass die Entrichtung der Zekah verpflichtend ist. Wer dies leugnet, fällt vom Glauben ab (Möge Allah uns davor bewahren!). Wer diese Pflicht zwar nicht leugnet, aber ihr trotzdem nicht oder nur teilweise nachkommt, macht sich einer großen Sünde schuldig.

Allah der Erhabene ist der Herr aller Welten und der eigentliche Besitzer aller Güter. Er räumte den Bedürftigen das Recht auf den Erhalt der Zekah ein.

Die Pflichtabgabe reinigt das Eigentum der Reichen und mehrt ihren Besitz. Sie sorgt für soziale Gerechtigkeit innerhalb der Gemeinschaft, kuriert die Hartherzigkeit und Habgier der Menschen und ist somit ein Meilenstein auf dem Weg zur Erlangung der spirituellen Freiheit.

Ihr werdet das Gütigsein nicht erlangen, solange ihr nicht von dem spendet, was ihr liebt; und was immer ihr spendet, seht, Allah weiß es.

Ali Imran 3/92

Definition des Grundbedarfs

Wohlhabend ist ein Muslim, wenn er – über seinen Grundbedarf hinaus – ein Vermögen im Gegenwert von ca. 90 Gramm Gold besitzt* und dieses sich ein Jahr lang in seinem Besitz befindet.
Am Ende dieses Jahres (hierbei dient das Mondjahr mit 355 Tagen als Berechnungsbasis) ist er dazu verpflichtet, ein Vierzigstel seines Vermögens** an die Bedürftigen abzugeben.
Die Zekah kann direkt von dem Vermögen genommen werden, das man angesammelt hat (indem man beispielsweise ein Vierzigstels des Goldes entnimmt, das man besitzt) oder man bezahlt ihren Gegenwert in Geld.

Wohlstand verpflichtet

Alle Dinge des täglichen Bedarfs, die sich im Besitz des Muslims befinden und von ihm nicht kommerziell verwendet werden, gelten als sein Grundbedarf. So zählen Dinge, wie das Fortbewegungsmittel (also ein Auto, ein Fahrrad oder ein Motorroller), die Kleidung, die Haushaltsgeräte, die Arbeitsutensilien, die Bücher und der Nahrungsmittelvorrat für sich selbst und die Angehörigen seines Haushalts für ein Jahr, zum Grundbedarf des Muslims.
Vieh, landwirtschaftliche Erzeugnisse, Handels- und Produktionsgüter, Bodenschätze und regelmäßige Einkünfte, wie beispielsweise Mieteinnahmen, zählen nicht zum Grundbedarf des Muslims und sind deshalb zekah-pflichtig, sobald sie den Gegenwert von 90 Gramm Gold erreichen und sich ein Jahr lang in seinem Besitz befinden.
Detailliertere Informationen zu diesem Thema finden sich in den islamischen Rechtsbüchern.

*** Dies können Gold, Geld, Handelswaren und Ähnliches sein.**

**** Also wieder das Vermögen, das sich über den Grundbedarf hinaus angesammelt hat.**

NICHT ZEKAH-PFLICHTIG

Fortbewegungsmittel

Arbeitsutensilien

Bücher

Nahrungsmittel

Haushaltsgeräte

Kleidung

ZEKAH-PFLICHTIG

Handelsgüter

Produktionsgüter

Bodenschätze

Landwirtschaftliche Erzeugnisse

Nutzvieh

Mieteinnahmen

So verrichte das Salah für deinen Herrn und schlachte!

El-Kewther 108/2

El-Udhiyyeh (Das Schlachtopfer des Opferfestes)

Am Opferfest ein Schlachtopfer darzubringen ist für alle wohlhabenden Muslime wadschib, egal ob es sich dabei um Männer oder Frauen handelt.

Im Edlen Quran heißt es hierzu:

فَصَلِّ لِرَبِّكَ وَانْحَرْ ۝٢

„So verrichte das Salah für deinen Herrn und schlachte!" (El-Kewther 108/2).

Und der Prophet Muhammed ﷺ sagte:

مَنْ وَجَدَ سَعَةً لِأَنْ يُضَحِّيَ فَلَمْ يُضَحِّ فَلَا يَحْضُرْ مُصَلَّانَا

„Wer die Möglichkeit dazu hat, ein Schlachtopfer darzubringen, aber keines darbringt, der soll sich unserer Gebetsstätte nicht nähern!" (Beyhaqi: Sunenul Kubra, 18791; Hakim: Mustedrek, 3468).

Wer über seinen Grundbedarf hinaus über ein Vermögen im Gegenwert von 90 Gramm Gold verfügt, für den ist das Schächten eines Opfertieres wadschib. Dabei wird – genau wie bei der Sadeqatul Fitr – nicht vorausgesetzt, dass sich dieses Vermögen ein Jahr lang in seinem Besitz befindet. Er muss also auch ein Opfertier darbringen, wenn er seinen Wohlstand erst am Tage des Opferfestes erwirbt.
Als Opfertier eignen sich alle Arten von Schafen, Ziegen, Rindern, Büffeln und Kamelen. Das Geschlecht der Tiere spielt dabei keine Rolle.
Bis zu sieben Personen dürfen sich ein Rind oder ein Kamel als Opfertier teilen. Jeder dieser sieben Anteile gilt dann als vollwertiges Schlachtopfer. Schafe oder Ziegen können hingegen nicht geteilt werden. Sie gelten lediglich als das Schlachtopfer einer einzigen Person.
Die oben aufgeführten Opfertiere können sowohl als Schlachtopfer für das Opferfest, als auch als Nedhr (Gelöbnisopfer), Dankopfer oder Aqiqah (Dankopfer für ein neugeborenes Kind) dargebracht werden. Alle geopferten Tiere dürfen von der Person,

die sie geopfert hat, und von deren Familie gegessen werden, außer das Gelöbnisopfer. Dieses muss komplett gespendet werden und darf nicht selbst verspeist werden.

Bei der Darbringung eines Opfertieres sollte man sich vor Augen führen, dass man das Tier für das Wohlgefallen Allahs und nicht seines Fleisches wegen schlachtet. Dadurch wird dieser Vorgang zu einer reich belohnten Ibadeh und man bereitet den Bedürftigen, denen man etwas von dem Fleisch abgibt, eine große Freude.

KAMEL

BÜFFEL

KUH

ZIEGE

SCHAF

Wer für Allah die Hadsch ausführt und dabei nichts Anstößiges redet und nicht sündigt, der kehrt so zurück, wie (er) an dem Tag (war) an dem ihn seine Mutter geboren hat.

Der Prophet Muhammed ﷺ

Die Hadsch (Pilgerfahrt)

Die Hadsch (Pilgerfahrt) ist die fünfte Säule des Islam. Sie ist die Fard (Pflicht) aller Muslime, die dazu in der Lage sind, sie auszuführen. Man sollte sie, wie alle anderen Pflichten auch sehr ernst nehmen, denn wer es unterlässt, eine Pflicht-Ibadeh auszuführen, dessen Religion bleibt unvollständig und unbeständig. Im Edlen Quran heißt es zur Verpflichtung zur Hadsch:

وَلِلّٰهِ عَلَى النَّاسِ حِجُّ الْبَيْتِ مَنِ اسْتَطَاعَ اِلَيْهِ سَبِيلاًۜ

„Und gegenüber Allah ist die Hadsch zum Hause (Allahs) eine Pflicht des Menschen; wer immer (von ihnen) dazu in der Lage ist.“

(Ali Imran, 3/97).

وَاَتِمُّوا الْحَجَّ وَالْعُمْرَةَ لِلّٰهِ

„Und vollzieht die Hadsch und die Umreh für Allah.“

(El-Baqarah 2/196).

Mit dem Begriff „Hadsch“ bezeichnet man den Besuch bestimmter Orte (wie die Kaaba oder den Berg Arafat) zu bestimmten Zeiten (im Pilgermonat) mit der Absicht bestimmte Ibadeh (wie das Begeben in den Weihezustand der Hadsch, die Umrundung der Kaaba und das Stehen am Berg Arafat am Tag von Arafat) für das Wohlgefallen Allahs ﷻ zu verrichten.

Die Pflichthandlungen der Hadsch werden am Vortag des Opferfestes (also am Tag von Arafat) und an den folgenden vier Tagen verrichtet.

Auf der Hadsch besucht man für gewöhnlich folgende Orte: In Mekka die Kaaba, Arafat, Mina und Muzdelifeh sowie in Medina die Moschee des Gesandten Allahs ﷺ sowie dessen Grab.

Besondere Ibadeh der Hadsch sind das Tragen des Ihram (Weihegewand), die siebenmalige Tawaf (Umrundung der Kaaba), die Waqfeh (das traditionelle Stehen zum Bittgebet) am Berg Arafat, das Darbringen eines Schlachtopfers und die Steinigung des verfluchten Satans bei Mina.

Die Pflichten der Hadsch

Die Hadsch ist die Pflicht aller:

1 freien,

2 geistig gesunden

3 geschlechtsreifen Muslime

4 die körperlich, gesundheitlich und finanziell dazu in der Lage sind.

Wer zwar finanziell dazu in der Lage ist die Hadsch auszuführen, aber so sehr chronisch krank ist, dass er die Hadsch jetzt und auch in Zukunft nicht ausführen kann, der darf eine andere Person als Stellvertreter für sich auf Hadsch schicken.

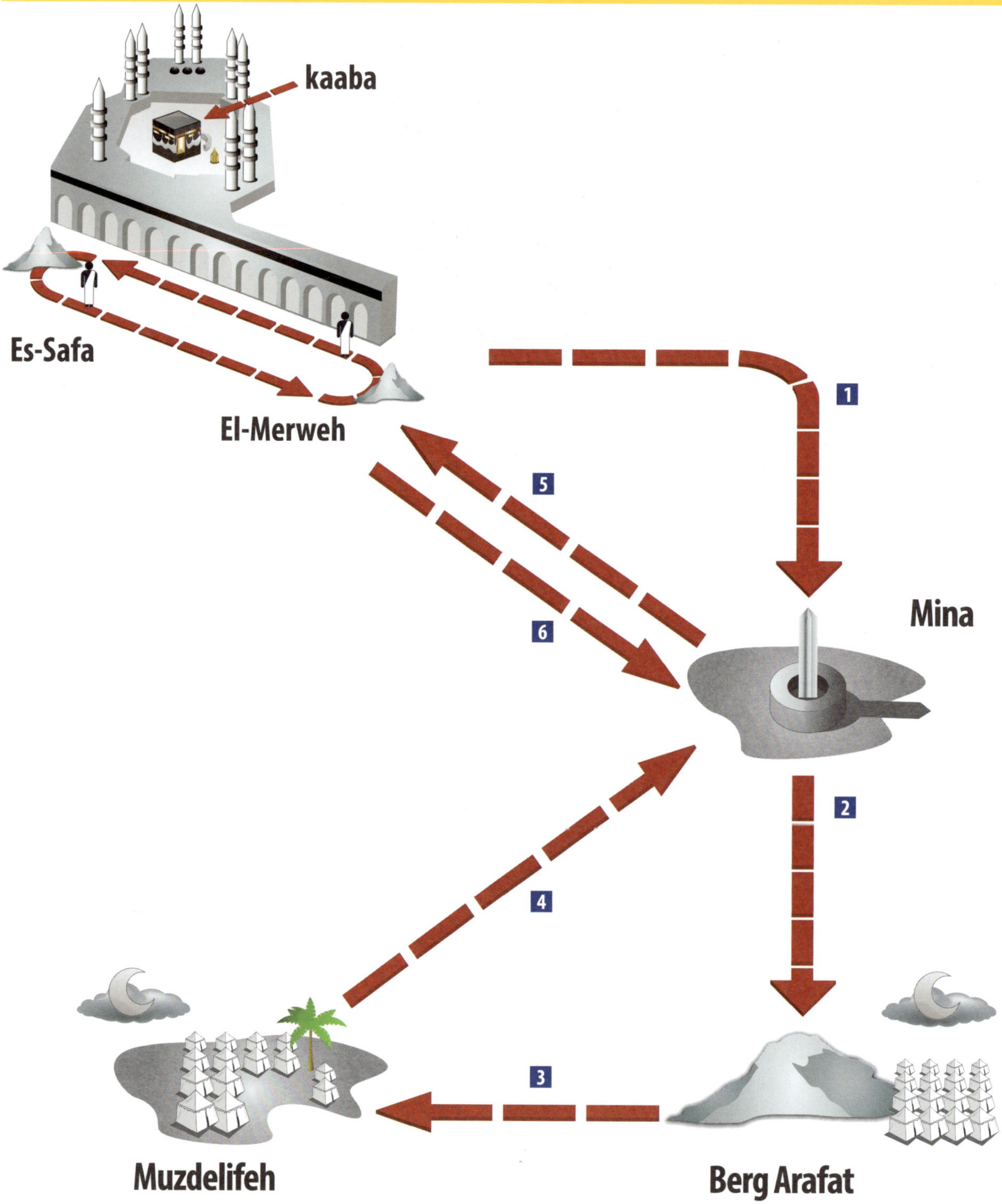
kaaba
Es-Safa
El-Merweh
1
5
6
Mina
2
4
3
Muzdelifeh
Berg Arafat

Die Durchführung der Hadsch

1 Der erste Tag der Hadsch ist der achte Tag des Monats Dhul Hidscheh. Diesen Tag nennt man auch den Terwiyyeh-Tag. An diesem Tag ziehen die Pilger nach dem Morgengebet von Mekka nach Mina. Dort bleiben sie bis zum Anbruch des nächsten Morgens.

2 Nach dem Morgengebet des neunten Tages des Monats Dhul Hidscheh, dem sogenannten Arafattag (Tag der Erkenntnis) ziehen die Gläubigen dann weiter nach Arafat. Dort verweilen sie bis zum Sonnenuntergang, legen das Dhuhr- und das Asr-Gebet in der Dhuhr-Gebetszeit zusammen und stehen zum Bittgebet (Wuquf).

3 Nach dem Sonnenuntergang des Arafattages ziehen sie weiter nach Muzdelifeh. Dort vereinen sie das Maghrib- und das Ischa-Gebet in der Ischa-Gebetszeit. Sie verweilen dort bis zum Anbruch der Morgendämmerung und sammeln die Steine für die Steinigung am nächsten Tag. Anschließend verrichten sie das Fedschr-Gebet des zehnten Tages des Monats Dhul Hidscheh und Stehen bis zum Sonnenaufgang zum Bittgebet (Wuquf).

4 Danach machen sie sich dazu auf, nach Mina zu gehen. Dort angekommen steinigen sie die erste Säule (symbolisch für den Scheytan) und gehen anschließend zurück nach Mekka.

5 In Mekka warten sie darauf, dass ihr Opfertier geschlachtet wurde. Sobald sie die Nachricht darüber erhalten haben, scheren sie sich die Haare und gehen anschließend zur Kaaba, um dort den Tawafu Ziyareh (Besuchsumrundung) und den anschließenden Sa'y (der siebenmalige Lauf zwischen den Hügeln El-Safa und El-Merwe) zu absolvieren.

6 Am elften und zwölften Tag des Monats Dhul Hidscheh (zweiter und dritter Tag des Opferfestes) gehen die Gläubigen jeweils nach Mina, um dort alle drei Säulen zu steinigen.

Die Umreh

Die Umreh ist eine segensreiche Ibadeh, die daraus besteht, dass man außerhalb der sogenannten Hadsch-Tage die Niyyeh für die Umreh bekundet, das Ihram (Weihegewand) anzieht, die Kaaba siebenmal umrundet, siebenmal die Strecke zwischen den Hügeln Safa und Merweh zurücklegt und sich schließlich einen Teil der Haare schneiden lässt.
Die Umreh kann außerhalb der Hadsch-Tage* jederzeit durchgeführt werden.

Wichtig ist, dass man sich stets die eigentlichen Ziele der Hadsch und der Umreh vor Augen führt: Das Verrichten segensreicher Ibadeh, das Erbitten der Vergebung der Sünden von Allah dem Erhabenen, das Stärken der Aufopferungsbereitschaft auf dem Wege Allahs durch das Schächten der Opfertiere und die Erweiterung der religiösen Kenntnisse, indem man diejenigen Orte besucht, von denen aus der Islam seinen Ausgang nahm. Darüber hinaus wird die Hadsch auch als eine spirituelle Vorbereitung auf den Jüngsten Tag verstanden; den Tag, an dem sich die gesamte Menschheit an einem Ort versammeln und ihren Herrn um Seine Gnade und Vergebung bitten wird.

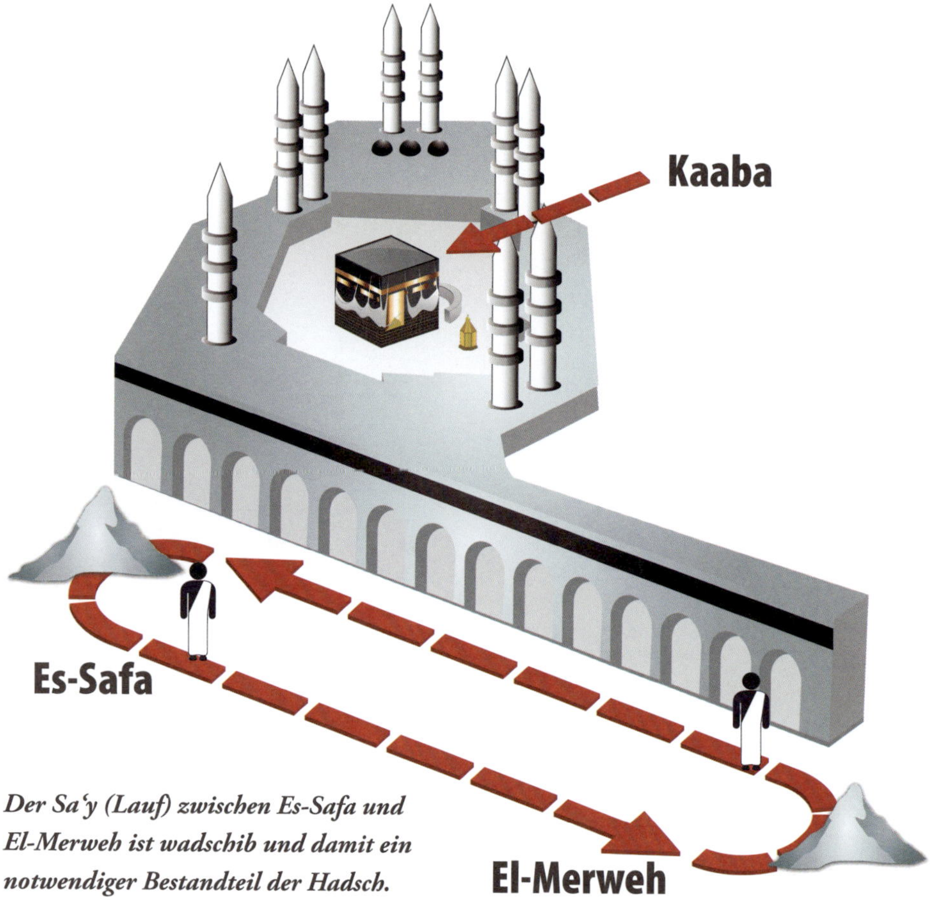

Der Sa'y (Lauf) zwischen Es-Safa und El-Merweh ist wadschib und damit ein notwendiger Bestandteil der Hadsch.

*** Diese beginnen mit dem Tag von Arafat und enden vier Tage danach.**

Von Umreh zur Umreh ist eine Keffareh (Vergebung der Sünden). Der Lohn für die Hadsch Mebrur (die Pilgerfahrt, die von Allah angenommen wird) ist das Paradies.

Der Prophet Muhammed ﷺ

„Das Du'a ist die Essenz der Ibadeh."

Der Prophet Muhammed ﷺ

Suren und Du'a

Wenn sich der Gläubige im Du'a seinem Schöpfer zuwendet, dann sollte er erkennen, dass Dieser allmächtig und er selbst ohnmächtig ist. Dies ist der beste Zustand, um Allah ﷻ um die Erfüllung seiner Wünsche zu bitten. Das Du'a ist der wirksamste Schutz des Gläubigen vor den Angriffen seiner beiden Erzfeinde, dem verfluchten Satan und des Nefs (Triebseele), und überhaupt vor allen Dingen, die ihn davon abhalten, ein frommer Diener Allahs ﷻ zu sein.

Sowohl der Gesandte Allahs ﷺ als auch die Gelehrten hinterließen uns zahllose Du'a für alle nur denkbaren Anlässe. Mit manchen von diesen bittet man um Gesundheit, Wohlstand oder Glückseligkeit im Diesseits und im Jenseits und mit anderen erbittet man den Schutz vor Krankheit, Unheil oder Gefahren. Ihre Du'a dienen uns als Beispiel dafür, wie wir unsere eigenen Du'a gestalten sollten.

Im Folgenden wollen wir einige dieser überlieferten Du'a aufführen. Wer will kann diese auswendig lernen und bei Bedarf einsetzen. Das Sprechen dieser Du'a enthält viel Segenskraft und bringt viel göttlichen Lohn mit sich.

Das Du'a nach dem Essen oder Trinken:

اَلْحَمْدُ لِلّٰهِ الَّذِى اَطْعَمَنَا وَسَقَانَا وَجَعَلَنَا مُسْلِمِينَ

„Gelobt sei Allah, Der uns zu essen und zu trinken gab und uns zu Muslimen machte."

Das Du'a nach der rituellen Waschung:

اَشْهَدُ اَنْ لَا اِلٰهَ اِلَّا اللّٰهُ وَاَشْهَدُ اَنَّ مُحَمَّدًا عَبْدُهُ وَرَسُولُهُ
اَللّٰهُمَّ اجْعَلْنِى مِنَ التَّوَّابِينَ وَاجْعَلْنِى مِنَ الْمُتَطَهِّرِينَ

„Ich bezeuge, dass es keinen Gott außer Allah gibt und ich bezeuge, dass Muhammed Sein Diener und Gesandter ist. O Allah! Mache mich zu einem der Reumütigen und zu einem der sich Läuternden!"

Das Du'a beim Betreten oder Verlassen des Hauses:

اَللّٰهُمَّ اِنّٖى اَسْاَلُكَ خَيْرَ الْمَوْلِجِ وَخَيْرَ الْمَخْرَجِ بِسْمِ اللّٰهِ وَلَجْنَا وَبِسْمِ اللّٰهِ خَرَجْنَا وَعَلَى اللّٰهِ رَبِّنَا تَوَكَّلْنَا

„O Allah! Ich bitte Dich um ein gutes Eintreten (in das Haus) und ein gutes Hinaustreten (aus dem Haus). Mit dem Namen Allahs betreten wir (die Wohnstätte) und mit dem Namen Allahs verlassen wir (die Wohnstätte). Und wir vertrauen allein auf Allah, unseren Herrn."

Das Du'a beim Verlassen des Hauses:

بِسْمِ اللّٰهِ اٰمَنْتُ بِاللّٰهِ وَاعْتَصَمْتُ بِاللّٰهِ وَتَوَكَّلْتُ عَلَى اللّٰهِ لَا حَوْلَ وَلَا قُوَّةَ اِلَّا بِاللّٰهِ

„Mit dem Namen Allahs. Ich glaube an Allah und ich suche Schutz bei Allah und ich vertraue auf Allah. Es gibt keine Macht (um ein Unheil abwenden zu können) und keine Fähigkeit (um Allah gehorsam sein zu können) außer durch (die Barmherzigkeit und den Großmut) Allahs!"

Das Du'a vor dem Zubettgehen:

بِاسْمِكَ اللّٰهُمَّ اَمُوتُ وَاَحْيَا

„Mit Deinem Namen – o Allah – sterbe ich und lebe ich."

Wenn der Gesandte ﷺ zu Bett ging, dann wandte er sein Gesicht zur *Qibleh*, legte seine rechte Hand unter seine rechte Gesichtshälfte und sprach:

رَبِّ قِنِى عَذَابَكَ يَوْمَ تَبْعَثُ عِبَادَكَ

„Mein Herr! Schütze mich vor Deiner Bestrafung an jenem Tage, an dem Du Deine Diener auferweckst."

(Tirmidhi: Daavât. 18, Müslim Salat'ül-Müsafirin 8).

Es ist Sunneh, vor dem Einschlafen die Sure El-Fatihah, die Ayetul Kursi, die Sure El-Kafirun, sowie jeweils dreimal die Sure El-Ikhlas, die Sure El-Felaq und die Sure En-Nas zu sprechen. Dies darf man auch im Zustand der kleinen rituellen Unreinheit tun. Nur im Zustand der großen rituellen Unreinheit, in der Menstruation oder im Wochenbett ist dies nicht erlaubt. Dies schützt vor allen Unglücksfällen – einschließlich eines schlimmen Todes. Wer von einem Alptraum aus dem Schlaf gerissen wird oder vor lauter Angst nicht einschlafen kann, der sollte die Sure Qureysch rezitieren. Dies vertreibt die Angst.

Das Du'a im Zustand der Angst:

Der Gesandte Allahs ﷺ empfahl uns, folgendes Du'a zu sprechen, wenn uns die Angst vor Dschinnen, Teufeln, Dunkelheit, Einsamkeit oder Ähnlichem packt:

اَعُوذُ بِكَلِمَاتِ اللّٰهِ التَّامَّةِ مِنْ غَضَبِهِ وَشَرِّ عِبَادِهِ وَمِنْ هَمَزَاتِ الشَّيَاطِينِ وَاَنْ يَحْضُرُونِ

„Bei den vollkommenen Worten Allahs suche ich meine Zuflucht vor Seinem Zorn und vor dem Übel Seiner Diener und vor den Einflüsterungen der Teufel und vor deren Anwesenheit."

(Ebu Dawud: Sunen, 3893 bzw. 3895).

Das Du'a nach dem Aufwachen:

اَلْحَمْدُ لِلّٰهِ الَّذٖى اَحْيَانَا بَعْدَ مَا اَمَاتَنَا وَاِلَيْهِ النُّشُورُ

„Gelobt sei Allah, Der uns zum Leben erweckte nachdem Er uns versterben ließ. Und zu Ihm ist die Rückkehr (nach der Auferweckung)."

(Bukhari, 6312, 6314, 6324, 7394).

Das Du'a beim Betreten einer Moschee:

Moscheen sollte man immer mit dem rechten Fuß voran betreten und dabei folgende Du'a sprechen:

O mein Herr! Kaufe uns frei von unserer ungehorsamen Triebseele. Sie behandelt uns wie Sklaven. Ihre Gräueltaten sind nicht mehr zu ertragen. O mei Herr! Was soll ich noch sagen? Du bist Der, Der alles Verborgende und alles Offensichtliche kennt!

Mewlana Dschelaleddin Rumi قدس سره

بِسْمِ اللّٰهِ اَللّٰهُمَّ صَلِّ عَلٰى سَيِّدِنَا مُحَمَّدٍ * اَللّٰهُمَّ اغْفِرْ
لِى ذُنُوبِى وَافْتَحْ لِى اَبْوَابَ رَحْمَتِكَ

„Mit dem Namen Allahs (betrete ich diese Moschee). O Allah! Segne unseren Seyyid Muhammed und vergib mir (meine Sünden und Fehler) und öffne mir die Tore Deiner Barmherzigkeit!"

Das Du'a beim Verlassen einer Moschee:

Moscheen sollte man immer mit dem linken Fuß voran verlassen und dabei folgendes Du'a sprechen:

بِسْمِ اللّٰهِ اَللّٰهُمَّ صَلِّ عَلٰى سَيِّدِنَا مُحَمَّدٍ * اَللّٰهُمَّ اغْفِرْ
لِى ذُنُوبِى وَافْتَحْ لِى اَبْوَابَ فَضْلِكَ

„Mit dem Namen Allahs (verlasse ich diese Moschee). O Allah! Segne unseren Seyyid Muhammed und vergib mir (meine Sünden und Fehler). O Allah! Öffne mir die Pforten deiner Güte."

Eigentlich ist das Bittgebet das Unterlassen von Sünden. Wer von seien Sünden ablässt, dem gewährt Allah, was immer er will, auch ohne dass er Ihn darum bitten muss.

Sufyan-i Sevri قدس سره

Kurze Du'a zu besonderen Anlässen

Jede Tat, mit der man etwas Gutes und religiös Erlaubtes bezweckt, sollte man unbedingt mit der Besmeleh („*Bismillahirahmanirahim*") beginnen.

Wenn einem etwas Gutes widerfahren ist oder sich etwas Positives ereignete, dann dankt man Allah ﷻ Der die eigentliche Ursache aller Wohltaten ist, am besten, indem man den Lobpreis: „*Elhamdulillah*" („Gelobt sei Allah!") spricht.

Wenn man eine schwere Aufgabe zu bewältigen hat, dann empfiehlt sich das Aufsagen der Formel: „*La Hawleh we la Quwweteh illa Billahil Aliyyil Adhim!*" („Es gibt keine Macht (um ein Unheil abwenden zu können) und keine Fähigkeit (um Allah gehorsam sein zu können) außer durch (die Barmherzigkeit und den Großmut) Allahs, des Hocherhabenen und Allgewaltigen!").

Wenn man nach der Lösung von Problemen sucht oder mit Stress belastet ist, dann eignet sich der Ausruf: „*Hasbiyallah we ni'mel Wekil*" („Allah ist mir genüge. Und was für ein guter Vertreter meiner Angelegenheiten Er doch ist!").

Wenn man einen Fehltritt oder eine Sünde begangen hat, dann sagt man: „*Estaghfirullah*" („Ich bitte Allah um Vergebung"). Die genannten Du'a und Gebetsformeln können nicht oft genug aufgesagt werden!

SUREN UND DU'A

Mein Herr! Hebe mich von der niederen Stufe der Sündhaftigkeit auf die ehernhafte Stufe der Folgsamkeit.

Ibrahim Bin Edhem قدس سره

Du'a, die Bestandteil des Salah sind

Der Lobpreis Subhaneke:

سُبْحَانَكَ اللّٰهُمَّ وَبِحَمْدِكَ * وَتَبَارَكَ اسْمُكَ * وَتَعَالٰى
جَدُّكَ * (وَجَلَّ ثَنَاؤُكَ) * وَلَا اِلٰهَ غَيْرُكَ *

„Erhaben bist Du, o Allah (über alle nichtgöttlichen und menschlichen Eigenschaften). Dir gebührt alles Lob. Dein Name ist gesegnet und hocherhaben ist Deine Herrschaft. Und es gibt keinen Gott außer Dir."

Die Grußformel Ettehiyyatu:

اَلتَّحِيَّاتُ لِلّٰهِ وَالصَّلَوَاتُ وَالطَّيِّبَاتُ * اَلسَّلَامُ عَلَيْكَ
اَيُّهَا النَّبِيُّ وَرَحْمَةُ اللّٰهِ وَبَرَكَاتُهُ * اَلسَّلَامُ عَلَيْنَا وَعَلٰى
عِبَادِ اللّٰهِ الصَّالِحِينَ * اَشْهَدُ اَنْ لَا اِلٰهَ اِلَّا اللّٰهُ وَاَشْهَدُ
اَنَّ مُحَمَّدًا عَبْدُهُ وَرَسُولُهُ *

„Alle Grüße (d.h. alle Arten des mündlichen Ibadeh, wie Dhikr und Du'a), alle Anbetungen (d.h. alle Arten der Ibadeh, die mit dem Körper verrichtet werden, wie Salah und Sawm) und alle guten Taten (d.h. alle Arten des materiellen Ibadeh, wie das Entrichten der Zekah und das Geben freiwilliger Spenden) sind (allein) für Allah. Friede sei mit dir, o Prophet, und die Barmherzigkeit Allahs und Seine Segnungen. Friede sei mit uns und den frommen Dienern Allahs. Ich bezeuge, dass es keinen Gott außer Allah gibt und ich bezeuge, dass Muhammed Sein Diener und Sein Gesandter ist."

Die Salah (Segensformel) Allahumme Salli:

اَللّٰهُمَّ صَلِّ عَلٰى مُحَمَّدٍ وَعَلٰى اٰلِ مُحَمَّدٍ * كَمَا صَلَّيْتَ
عَلٰى اِبْرَاهِيمَ وَعَلٰى اٰلِ اِبْرَاهِيمَ * اِنَّكَ حَمِيدٌ مَجِيدٌ *

„O Allah! Segne Muhammed und die Angehörigen Muhammeds, genauso wie Du Ibrahim und die Angehörigen Ibrahims gesegnet hast. Wahrlich, Du bist der Gelobte, der Ruhmreiche."

Mein Herr! Um Deines Daseins willen bitte ich Dich um die Gewährung von sechs Dingen: Glauben, Gesundheit, Wissen, frommes Handeln, Aufrichtigkeit und Großzügigkeit.

Muhammed Hadimi قدس سره

Die Salah (Segensformel) Allahumme Barik:

اَللّٰهُمَّ بَارِكْ عَلٰى مُحَمَّدٍ وَعَلٰى اٰلِ مُحَمَّدٍ * كَمَا بَارَكْتَ
عَلٰى اِبْرَاهِيمَ وَعَلٰى اٰلِ اِبْرَاهِيمَ * اِنَّكَ حَمِيدٌ مَجِيدٌ *

„O Allah! Vermehre Muhammed und der Familie Muhammeds [die Ehre und Erhabenheit], genauso wie Du Ibrahim und der Familie Ibrahims (die Ehre und die Erhabenheit) vermehrt hast. Wahrlich, Du bist Der Gelobte, Der Ruhmreiche."

Das Du'a Rabbena Atina:

رَبَّنَا اٰتِنَا فِى الدُّنْيَا حَسَنَةً وَفِى الْاٰخِرَةِ حَسَنَةً وَقِنَا
عَذَابَ النَّارِ

„Unser Herr! Gib uns im Diesseits Gutes und im Jenseits Gutes. Und bewahre uns vor der Bestrafung im Höllenfeuer."

Das Du'a Rabbenaghfirli:

رَبَّنَا اغْفِرْ لِى وَلِوَالِدَىَّ وَلِلْمُؤْمِنِينَ يَوْمَ يَقُومُ الْحِسَابُ

„Unser Herr! Vergib mir und meinen Eltern und allen Gläubigen am Tage, an dem die Rechenschaft abgelegt wird."

Die Qunut-Du'a im Witr-Gebet:

اَللّٰهُمَّ اِنَّا نَسْتَعِينُكَ وَنَسْتَغْفِرُكَ وَنَسْتَهْدِيكَ * وَنُؤْمِنُ بِكَ
وَنَتُوبُ اِلَيْكَ * وَنَتَوَكَّلُ عَلَيْكَ * وَنُثْنِى عَلَيْكَ الْخَيْرَ كُلَّهُ
* نَشْكُرُكَ وَلَا نَكْفُرُكَ * وَنَخْلَعُ وَنَتْرُكُ مَنْ يَفْجُرُكَ *

اَللّٰهُمَّ اِيَّاكَ نَعْبُدُ وَلَكَ نُصَلِّى وَنَسْجُدُ وَاِلَيْكَ نَسْعٰى
وَنَحْفِدُ * نَرْجُو رَحْمَتَكَ * وَنَخْشٰى عَذَابَكَ * اِنَّ عَذَابَكَ
بِالْكُفَّارِ مُلْحِقٌ *

„O Allah! Wir bitten Dich um Deinen Beistand, Deine Vergebung und Deine Rechtleitung. Wir glauben an Dich, wenden uns Dir in Reue zu und vertrauen auf Dich. Wir preisen Dich im Guten. Wir danken Dir und verleugnen Dich nicht. Wir sagen uns von all jenen los und lassen von all jenen ab, die Deinen Geboten keine Beachtung schenken. O Allah! Nur Dir dienen wir, nur zu Dir beten wir und nur vor Dir werfen wir uns nieder. Wir eilen zu Dir und dienen Dir. Wir hoffen auf Deine Gnade und fürchten Deine Strafe. Denn wahrlich die Ungläubigen fallen Deiner Strafe anheim."

Das Glaubensbekenntnis Amentu:

آمَنْتُ بِاللّٰهِ وَمَلَائِكَتِهِ وَكُتُبِهِ وَرُسُلِهِ وَالْيَوْمِ الْآخِرِ
وَبِالْقَدَرِ خَيْرِهِ وَشَرِّهِ مِنَ اللّٰهِ تَعَالٰى وَالْبَعْثُ بَعْدَ
الْمَوْتِ حَقٌّ اَشْهَدُ اَنْ لَا اِلٰهَ اِلَّا اللّٰهُ وَاَشْهَدُ اَنَّ مُحَمَّدًا
عَبْدُهُ وَرَسُولُهُ

„Ich glaube an Allah, Seine Engel, Seine (heiligen) Bücher, Seine Gesandten und an den Jüngsten Tag. Und (ich glaube) daran, dass alles Gute und alles Schlechte von Allah dem Erhabenen vorherbestimmt und die Auferstehung nach dem Tode real ist. Ich bezeuge, dass es keine Gottheit außer Allah gibt, und ich bezeuge, dass Muhammed Sein Diener und Sein Gesandter ist."

Kurze Suren für das Salah

Die Sure El-Fatihah:

بِسْمِ اللّٰهِ الرَّحْمٰنِ الرَّحِيمِ ﴿١﴾
اَلْحَمْدُ لِلّٰهِ رَبِّ الْعَالَمِينَ ﴿٢﴾ اَلرَّحْمٰنِ الرَّحِيمِ ﴿٣﴾
مَالِكِ يَوْمِ الدِّينِ ﴿٤﴾ اِيَّاكَ نَعْبُدُ وَاِيَّاكَ نَسْتَعِينُ ﴿٥﴾
اِهْدِنَا الصِّرَاطَ الْمُسْتَقِيمَ ﴿٦﴾ صِرَاطَ الَّذِينَ اَنْعَمْتَ
عَلَيْهِمْ غَيْرِ الْمَغْضُوبِ عَلَيْهِمْ وَلَا الضَّٓالِّينَ ﴿٧﴾

(1)Mit dem Namen Allahs, des Erbarmers, des Barmherzigen. (2) Lob sei Allah, dem Herrn der Welten, (3) dem Erbarmer, dem Barmherzigen, (4) dem Herrscher am Tage des Gerichts. (5) Dir allein dienen wir, und Dich allein bitten wir um Hilfe. (6) Leite uns den rechten Weg. (7) Den Weg derer, denen Du Gnade erwiesen hast, nicht den (Weg) derer, denen Du zürnst und nicht den (Weg) der Irregehenden.

Die ersten fünf Verse der Sure El-Baqarah:

بِسْمِ اللّٰهِ الرَّحْمٰنِ الرَّحِيمِ
الٓمٓ ﴿١﴾ ذٰلِكَ الْكِتَابُ لَا رَيْبَ فِيهِ هُدًى لِلْمُتَّقِينَ ﴿٢﴾
اَلَّذِينَ يُؤْمِنُونَ بِالْغَيْبِ وَيُقِيمُونَ الصَّلٰوةَ وَمِمَّا رَزَقْنَاهُمْ
يُنْفِقُونَ ﴿٣﴾ وَالَّذِينَ يُؤْمِنُونَ بِمَٓا اُنْزِلَ اِلَيْكَ وَمَٓا اُنْزِلَ مِنْ
قَبْلِكَ وَبِالْاٰخِرَةِ هُمْ يُوقِنُونَ ﴿٤﴾ اُولٰٓئِكَ عَلٰى هُدًى مِنْ رَبِّهِمْ
وَاُولٰٓئِكَ هُمُ الْمُفْلِحُونَ ﴿٥﴾

Mit dem Namen Allahs, des Erbarmers, des Barmherzigen. (1) Elif-Lam-Mim. (2) Dieses Buch, daran gibt es keinen Zweifel, ist eine Rechtleitung für die Gottesfürchtigen, (3) die an das Verborgene glauben, das Salah verrichten und von dem, womit Wir sie versorgt haben, (anderen) ausgeben (4) und die an das glauben, was zu dir (an Offenbarung) herabgesandt worden ist und an das, was vor dir (an die anderen Gesandten) herabgesandt wurde und die vom Jenseits überzeugt sind. (5) Jene folgen einer Rechtleitung von Ihrem Herrn, und das sind diejenigen, denen es wohlergeht.

Die Sure El-Fil:

بِسْمِ اللّٰهِ الرَّحْمٰنِ الرَّحِيمِ

اَلَمْ تَرَ كَيْفَ فَعَلَ رَبُّكَ بِاَصْحَابِ الْفِيلِ ﴿١﴾ اَلَمْ يَجْعَلْ
كَيْدَهُمْ فِي تَضْلِيلٍ ﴿٢﴾ وَاَرْسَلَ عَلَيْهِمْ طَيْرًا اَبَابِيلَ ﴿٣﴾
تَرْمِيهِمْ بِحِجَارَةٍ مِنْ سِجِّيلٍ ﴿٤﴾ فَجَعَلَهُمْ كَعَصْفٍ مَاْكُولٍ ﴿٥﴾

Mit dem Namen Allahs, des Erbarmers, des Barmherzigen. (1) Siehst du nicht, wie dein Herr mit den Leuten des Elefanten verfuhr? (2) Hat Er nicht ihren Plan scheitern lassen (3) und Vögel in Scharen über sie geschickt, (4) die sie mit Steinen aus gebranntem Lehm bewarfen, (5) und sie so wie abgefressene Halme gemacht?

Die Sure Quraisch:

بِسْمِ اللّٰهِ الرَّحْمٰنِ الرَّحِيمِ

لِاِيلَافِ قُرَيْشٍ ﴿١﴾ اِيلَافِهِمْ رِحْلَةَ الشِّتَاءِ وَالصَّيْفِ
﴿٢﴾ فَلْيَعْبُدُوا رَبَّ هٰذَا الْبَيْتِ ﴿٣﴾ اَلَّذِي اَطْعَمَهُمْ مِنْ
جُوعٍ وَاٰمَنَهُمْ مِنْ خَوْفٍ ﴿٤﴾

Mit dem Namen Allahs, des Erbarmers, des Barmherzigen. (1) Für das Zusammenhalten der Quraysch, (2) für ihr Zusammenleben bei den Karawanenreisen im Winter und im Sommer (3) sollen sie dem Herrn dieses Hauses dienen, (4) Der ihnen zu essen gegeben hat, sodass sie nicht zu hungern brauchen und Der ihnen Sicherheit gewährt hat, sodass sie sich nicht zu fürchten brauchen.

Die Sure El-Ma'un:

بِسْمِ اللّٰهِ الرَّحْمٰنِ الرَّحِيمِ

اَرَاَيْتَ الَّذِي يُكَذِّبُ بِالدِّينِ ﴿١﴾ فَذٰلِكَ الَّذِي يَدُعُّ الْيَتِيمَ
﴿٢﴾ وَلَا يَحُضُّ عَلٰى طَعَامِ الْمِسْكِينِ ﴿٣﴾ فَوَيْلٌ لِلْمُصَلِّينَ
﴿٤﴾ اَلَّذِينَ هُمْ عَنْ صَلَاتِهِمْ سَاهُونَ ﴿٥﴾ اَلَّذِينَ هُمْ يُرَاۤؤُنَ
﴿٦﴾ وَيَمْنَعُونَ الْمَاعُونَ ﴿٧﴾

Mit dem Namen Allahs, des Erbarmers, des Barmherzigen. (1) Hast du den gesehen, der die Abrechnung (am Jüngsten Tag) leugnet? (2) Das ist derselbe, der die Waise wegstößt. (3) Und nicht zur Speisung des Armen antreibt. (4) Wehe nun den Betenden, (5) jenen, die nicht auf ihr Salah achten, (6) jenen, die nur (bei ihren Handlungen) gesehen werden wollen (7) und die Unterstützung verweigern.

Die Sure El-Kewther:

بِسْمِ اللّٰهِ الرَّحْمٰنِ الرَّحِيمِ

اِنَّا اَعْطَيْنَاكَ الْكَوْثَرَ ﴿١﴾ فَصَلِّ لِرَبِّكَ وَانْحَرْ ﴿٢﴾ اِنَّ شَانِئَكَ
هُوَ الْاَبْتَرُ ﴿٣﴾

Mit dem Namen Allahs, des Erbarmers, des Barmherzigen. (1) Wahrlich haben Wir dir (Muhammed) den Kewther [dies ist entweder ein Brunnen, aus dem die Gläubigen am Tage der Auferstehung trinken werden, oder viele Güter im Diesseits und im Jenseits, wie die Gesandtschaft und das Fürspracherecht] gegeben; (2) So bete zu deinem Herrn und schlachte Opfetiere. (3) Fürwahr, der dich hasst, ist es, der (vom Segen der Nachkommenschaft) abgeschnitten sein soll.

Die Sure El-Kafirun:

بِسْمِ اللّٰهِ الرَّحْمٰنِ الرَّح۪يمِ

قُلْ يَٓا اَيُّهَا الْكَافِرُونَۙ ﴿١﴾ لَٓا اَعْبُدُ مَا تَعْبُدُونَۙ ﴿٢﴾ وَلَٓا اَنْتُمْ
عَابِدُونَ مَٓا اَعْبُدُۚ ﴿٣﴾ وَلَٓا اَنَا۬ عَابِدٌ مَا عَبَدْتُمْۙ ﴿٤﴾ وَلَٓا اَنْتُمْ
عَابِدُونَ مَٓا اَعْبُدُۜ ﴿٥﴾ لَكُمْ د۪ينُكُمْ وَلِيَ د۪ينِ ﴿٦﴾

Mit dem Namen Allahs, des Erbarmers, des Barmherzigen. (1) Sprich (o Muhammed): «O ihr Ungläubigen! (2) Ich diene nicht denen, denen ihr dient [d.h.: Ich bete nicht die Götzen an, die ihr anbetet]. (3) Noch dient ihr Dem, Dem ich diene (d.h.: Noch betet ihr Allah an, Den ich anbete). (4) Und ich werde kein Diener derer sein, denen ihr gedient habt [d.h.: Und ich werde niemals die Götzen anbeten, die ihr angebetet habt]. (5) Und ihr werdet nicht Diener Dessen sein, Dem ich diene (d.h.: Und ihr werdet eh nicht Allah anbeten, Den ich anbete). (6) Euch eure Religion, und mir meine Religion.»

Die Sure En-Nasr:

بِسْمِ اللّٰهِ الرَّحْمٰنِ الرَّح۪يمِ

اِذَا جَٓاءَ نَصْرُ اللّٰهِ وَالْفَتْحُۙ ﴿١﴾ وَرَاَيْتَ النَّاسَ يَدْخُلُونَ
ف۪ي د۪ينِ اللّٰهِ اَفْوَاجاًۙ ﴿٢﴾ فَسَبِّحْ بِحَمْدِ رَبِّكَ وَاسْتَغْفِرْهُۜ
اِنَّهُ كَانَ تَوَّاباً ﴿٣﴾

Mit dem Namen Allahs, des Erbarmers, des Barmherzigen. (1) Wenn Allahs Hilfe kommt und der Sieg (2) und du siehst, dass die Menschen in Scharen in die Religion Allahs eintreten, (3) dann lobpreise deinen Herrn und bitte Ihn um Vergebung. Wahrlich, Er vergibt dem, der sich (Ihm) in Reue zuwendet.

Die Sure Et-Tebbet:

بِسْمِ اللّٰهِ الرَّحْمٰنِ الرَّح۪يمِ

تَبَّتْ يَدَٓا اَب۪ي لَهَبٍ وَتَبَّۜ ﴿١﴾ مَٓا اَغْنٰى عَنْهُ مَالُهُ وَمَا كَسَبَۜ
﴿٢﴾ سَيَصْلٰى نَاراً ذَاتَ لَهَبٍۚ ﴿٣﴾ وَامْرَاَتُهُۜ حَمَّالَةَ الْحَطَبِۚ ﴿٤﴾
ف۪ي ج۪يدِهَا حَبْلٌ مِنْ مَسَدٍ ﴿٥﴾

Mit dem Namen Allahs, des Erbarmers, des Barmherzigen. (1) Zugrunde gehen sollen die Hände Ebu Lehebs, und (auch er selbst) soll zugrunde gehen! (2) Was nützen ihm sein Besitz und das, was er erworben hat? (3) Er wird dereinst in einem lodernden Feuer brennen. (4) Ebenso seine Frau, die (elende) Brennholzträgerin. (5) Um ihren Hals wird ein Strick aus Palmfasern sein.

Die Sure El-Ikhlas:

بِسْمِ اللّٰهِ الرَّحْمٰنِ الرَّح۪يمِ

قُلْ هُوَ اللّٰهُ اَحَدٌۚ ﴿١﴾ اَللّٰهُ الصَّمَدُۚ ﴿٢﴾ لَمْ يَلِدْ وَلَمْ يُولَدْۙ ﴿٣﴾
وَلَمْ يَكُنْ لَهُ كُفُواً اَحَدٌ ﴿٤﴾

Mit dem Namen Allahs, des Erbarmers, des Barmherzigen. (1) Sprich: «Er ist Allah, der Einzige; (2) Allah, der Absolute (d.h. der Unabhängige, von Dem alles abhängt und Der von nichts abhängt). (3) Er zeugt nicht und wurde nicht gezeugt. (4) Und keiner ist Ihm gleich.»

Die Sure El-Felaq:

بِسْمِ اللّٰهِ الرَّحْمٰنِ الرَّح۪يمِ

قُلْ اَعُوذُ بِرَبِّ الْفَلَقِۙ ﴿١﴾ مِنْ شَرِّ مَا خَلَقَۙ ﴿٢﴾ وَمِنْ شَرِّ
غَاسِقٍ اِذَا وَقَبَۙ ﴿٣﴾ وَمِنْ شَرِّ النَّفَّاثَاتِ فِي الْعُقَدِۙ ﴿٤﴾ وَمِنْ
شَرِّ حَاسِدٍ اِذَا حَسَدَ ﴿٥﴾

Mit dem Namen Allahs, des Erbarmers, des Barmherzigen. (1) Sprich: «Ich nehme meine Zuflucht beim Herrn der Morgendämmerung, (2) vor dem Übel dessen, was Er erschaffen hat (3) und vor dem Übel der hereinbrechenden Nacht (4) und vor dem Übel der auf die Knoten blasenden Magierinnen. (5) Und vor dem Übel des Neiders, wenn er neidet.»

Die Sure En-Nas:

بِسْمِ اللّٰهِ الرَّحْمٰنِ الرَّح۪يمِ

قُلْ اَعُوذُ بِرَبِّ النَّاسِۙ ﴿١﴾ مَلِكِ النَّاسِۙ ﴿٢﴾ اِلٰهِ النَّاسِۙ ﴿٣﴾
مِنْ شَرِّ الْوَسْوَاسِ الْخَنَّاسِۙ ﴿٤﴾ اَلَّذ۪ي يُوَسْوِسُ ف۪ي صُدُورِ
النَّاسِۙ ﴿٥﴾ مِنَ الْجِنَّةِ وَالنَّاسِ ﴿٦﴾

Mit dem Namen Allahs, des Erbarmers, des Barmherzigen. (1) Sprich: «Ich suche meine Zuflucht beim Herrn der Menschen, (2) Dem König der Menschen, (3) Dem Gott der Menschen, (4) vor dem Übel des einflüsternden Teufels [der dem Menschen einflüstert, wenn dieser unachtsam ist und sich zurückzieht, sobald dieser Allahs gedenkt]. (5) Der da einflüstert in die Herzen der Menschen, (6) (Sei dieser Teufel nun) einer von den Dschinnen oder einer der Menschen.»

Der Thronvers (Ayetul Kursi):

بِسْمِ اللّٰهِ الرَّحْمٰنِ الرَّح۪يمِ

اَللّٰهُ لَٓا اِلٰهَ اِلَّا هُوَۚ اَلْحَيُّ الْقَيُّومُۚ لَا تَأْخُذُهُ سِنَةٌ وَلَا نَوْمٌۜ لَهُ مَا
فِي السَّمٰوَاتِ وَمَا فِي الْاَرْضِۜ مَنْ ذَا الَّذ۪ي يَشْفَعُ عِنْدَهُٓ
اِلَّا بِاِذْنِه۪ۜ يَعْلَمُ مَا بَيْنَ اَيْد۪يهِمْ وَمَا خَلْفَهُمْۚ وَلَا يُح۪يطُونَ
بِشَيْءٍ مِنْ عِلْمِه۪ٓ اِلَّا بِمَا شَٓاءَۚ وَسِعَ كُرْسِيُّهُ السَّمٰوَاتِ
وَالْاَرْضَۚ وَلَا يَؤُ۫دُهُ حِفْظُهُمَاۚ وَهُوَ الْعَلِيُّ الْعَظ۪يمُ ﴿٢٥٥﴾

Mit dem Namen Allahs, des Erbarmers, des Barmherzigen. Allah, es gibt keine Gottheit außer Ihm, dem Lebendigen, dem Beständigen! Ihn ergreift weder Schlummer noch Schlaf. Sein ist, was in den Himmeln und auf Erden ist. Wer ist es, der da Fürsprache bei Ihm einlegt ohne Seine Erlaubnis? Er weiß, was vor ihnen liegt und was hinter ihnen liegt (d.h. Er kennt die Vergangenheit, die Gegenwart und die Zukunft). Doch sie begreifen nichts von Seinem Wissen, außer das, was Er will. Sein Thron umfasst die Himmel und die Erde. Und es belastet Ihn nicht, beide zu bewahren. Und Er ist der Erhabene, der Mächtige.

Die Sure Esch-Scherh:

بِسْمِ اللّٰهِ الرَّحْمٰنِ الرَّح۪يمِ

اَلَمْ نَشْرَحْ لَكَ صَدْرَكَۙ ﴿١﴾ وَوَضَعْنَا عَنْكَ وِزْرَكَۙ ﴿٢﴾ اَلَّذ۪ٓي
اَنْقَضَ ظَهْرَكَۙ ﴿٣﴾ وَرَفَعْنَا لَكَ ذِكْرَكَۜ ﴿٤﴾

فَاِنَّ مَعَ الْعُسْرِ يُسْرًاۙ ﴿٥﴾ اِنَّ مَعَ الْعُسْرِ يُسْرًاۜ ﴿٦﴾ فَاِذَا
فَرَغْتَ فَانْصَبْۙ ﴿٧﴾ وَاِلٰى رَبِّكَ فَارْغَبْ ﴿٨﴾

Mit dem Namen Allahs, des Erbarmers, des Barmherzigen. (1) Haben Wir dir nicht deine Brust geweitet (2) und dir deine Last abgenommen, (3) die dir so schwer auf dem Rücken lastete (4) und haben Wir (nicht) dein Ansehen erhöht? (5) Doch wahrlich geht mit jeder Schwierigkeit Erleichterung einher, (6) wahrlich (sendet Allah) zu jeder Schwierigkeit (die entsprechende) Erleichterung. (7) Wenn du also [mit der Beschäftigung mit irdischen Dingen] fertig bist, dann bemühe dich weiter [im Gottesdienst] (8) und wende dich ganz deinem Herrn zu.

Die letzten beiden Verse der Sure El-Baqarah, Amenerrasulu:

بِسْمِ اللّٰهِ الرَّحْمٰنِ الرَّحٖيمِ

اٰمَنَ الرَّسُولُ بِمَٓا اُنْزِلَ اِلَيْهِ مِنْ رَبِّهٖ وَالْمُؤْمِنُونَۜ كُلٌّ اٰمَنَ
بِاللّٰهِ وَمَلٰٓئِكَتِهٖ وَكُتُبِهٖ وَرُسُلِهٖۜ لَا نُفَرِّقُ بَيْنَ اَحَدٍ مِنْ رُسُلِهٖ
وَقَالُوا سَمِعْنَا وَاَطَعْنَا غُفْرَانَكَ رَبَّنَا وَاِلَيْكَ الْمَصٖيرُ ﴿٢٨٥﴾
لَا يُكَلِّفُ اللّٰهُ نَفْسًا اِلَّا وُسْعَهَاۜ لَهَا مَا كَسَبَتْ وَعَلَيْهَا مَا
اكْتَسَبَتْۜ رَبَّنَا لَا تُؤَاخِذْنَٓا اِنْ نَسٖينَٓا اَوْ اَخْطَاْنَاۚ رَبَّنَا وَلَا
تَحْمِلْ عَلَيْنَٓا اِصْرًا كَمَا حَمَلْتَهُ عَلَى الَّذٖينَ مِنْ قَبْلِنَاۚ
رَبَّنَا وَلَا تُحَمِّلْنَا مَا لَا طَاقَةَ لَنَا بِهٖۚ وَاعْفُ عَنَّا وَاغْفِرْ لَنَا
وَارْحَمْنَا اَنْتَ مَوْلٰينَا فَانْصُرْنَا عَلَى الْقَوْمِ الْكَافِرٖينَ ﴿٢٨٦﴾

Mit dem Namen Allahs, des Erbarmers, des Barmherzigen. (285) Der Gesandte glaubt an das, was zu ihm von seinem Herrn herabgesandt wurde, und ebenso die Gläubigen. Alle glaubten an Allah, Seine Engel, Seine Bücher und Seine Gesandten (und die Gläubigen bezeugen dies, indem sie sagen) „Wir machen keinen Unterschied zwischen Seinen Gesandten". Und sie sprechen: „Wir hören und gehorchen und (erbitten) Deine Vergebung, unser Herr, nur zu Dir ist die Rückkehr!" (286) Allah legt niemandem (etwas) über sein Vermögen auf. Jedem wird das zuteil, was er verdient hat, und über jeden kommt das, was er verschuldet hat. Unser Herr! Bestrafe uns nicht wenn wir vergessen oder Fehler machen! Unser Herr! Bürde uns keine Last auf, wie Du sie denen vor uns aufgebürdet hast! Unser Herr! Lass uns nicht tragen, wozu unsere Kraft nicht ausreicht, und vergib uns, und verzeih uns, und erbarme Dich unser! Du bist unser Beschützer, so hilf uns gegen das Volk der Ungläubigen."

Die letzten Verse der Sure El-Haschr :

بِسْمِ اللّٰهِ الرَّحْمٰنِ الرَّحٖيمِ

هُوَ اللّٰهُ الَّذٖى لَٓا اِلٰهَ اِلَّا هُوَۚ عَالِمُ الْغَيْبِ وَالشَّهَادَةِۚ هُوَ
الرَّحْمٰنُ الرَّحٖيمُ ﴿٢٢﴾ هُوَ اللّٰهُ الَّذٖى لَٓا اِلٰهَ اِلَّا هُوَۚ اَلْمَلِكُ
الْقُدُّوسُ السَّلَامُ الْمُؤْمِنُ الْمُهَيْمِنُ الْعَزٖيزُ الْجَبَّارُ
الْمُتَكَبِّرُۜ سُبْحَانَ اللّٰهِ عَمَّا يُشْرِكُونَ ﴿٢٣﴾ هُوَ اللّٰهُ الْخَالِقُ
الْبَارِئُ الْمُصَوِّرُ لَهُ الْاَسْمَٓاءُ الْحُسْنٰىۜ يُسَبِّحُ لَهُ مَا فِى
السَّمٰوَاتِ وَالْاَرْضِۚ وَهُوَ الْعَزٖيزُ الْحَكٖيمُ ﴿٢٤﴾

Mit dem Namen Allahs, des Erbarmers, des Barmherzigen. (22) Er ist Allah, außer Dem es keinen Gott gibt. Der Kenner des Verborgenen und Offenen (wörtlich: das Bezeugte), Er ist der Allerbarmer, der Barmherzige. (23) Er ist Allah, außer Dem es keinen Gott gibt. Der Herrscher, der Heilige, der Unversehrte, der Glaubwürdige, der Bewacher, der Siegreiche, der Gewaltige, der Hoheitsvolle. Erhaben ist Allah über dass, was sie (Ihm) beigesellen. (24) Er ist Allah. Der Schöpfer, der Erschaffer, der Gestalter. Sein sind die schönsten Namen. Ihn preist, was in den Himmeln und auf Erden ist. Und Er ist der Sichdurchsetzende, der Weise.

QUELLVERZEICHNIS BILDER/FOTOS

Fotolia:
Kran © Dreadlock; Boy, playing with soap bubbles © Tomsickova; Moroccan hospitality © Anyka; Books © vectorlart; Two gates to heaven and hell. Choice concept. © Kletr; Islamic arch design in classic blue color © rchicano; Peaceful background © Ig0rZh; young goat © cynoclub; Sheep standing over another lying © Eric Isselée; Buffalo isolated on the white background © lirtlon; The Bactrian camel (Camelus bactrianus). © Kletr; Getreideernte © drsg98; Cows grazing on pasture © branex; T-Shirt Stapel © Yantra; cars in a row at car plant © Nataliya Hora; industrielle Lagerung // commercial storage © industrieblick; Immobilien-Finanzierung © Eisenhans; various nature stones © Reika; Display washing machine. © sudok1 Construction tools © tuja66; Poison Green Car © deusexlupus; Herrlich frische Dusche, scharfe Tropfen auf blau© Smileus Bücherregal © Friedberg; Holy Kaaba in Mecca © Huseyin Bas; Holy Kaaba in Mecca © Huseyin Bas; Muslim man in traditional outfitspraying(readingNamaz,Islami©AbdulQaiyoom;Dates.©WONGSZEFEI;close-upportraitofabeautifulsleepingbaby on white © olesiabilkei; The right destination © alphaspirit; Grunge banners and scrolls set (vector, CMYK) © Volodymyr Leus.
Shutterstock:
Titelbild Shutterstock.com: Abu Dhabi Sheikh Zayed Grand Mosque, walkway at sunrise; Stockfoto ID: Intricate praying mat in a mosque; Bildnummer.: 113262109; Stockfoto ID: Little decorative waterfall Bildnummer.: 96433166; Stockfoto ID: close-up beautiul blue rose with water drops, Bildnummer.: 64721893; Stockfoto ID: water stream on woman hand, Bildnummer.: 58224673; Stockfoto ID: Koran, verbs, Bildnummer.: 58640092; Stockfoto ID: Ancient Handmade Turkish Tiles, Bildnummer.: 112163558; Stockfoto ID: ZAGREB, CROATIA - SEPT 25, 2012. Zagreb Imam leading afternoon prayer in mosque on September 25, 2012 in Zagreb, Croatia. Muslims constitute about 1.3% of the population of Croatia. Bildnummer.: 117736762; Stockfoto ID: Alcazar Queen's bath, Seville , Andalucia, Spain. Bildnummer.: 141551443; Stockfoto ID: The Great Mosque of Djenne, Mali, Africa. Bildnummer.: 110779079; Stockfoto ID: arabesque: design elements of Sheikh Zayed Mosque, Abu Dhabi, United Arab Emirates, Bildnummer.: 67388896; Stockfoto ID: Palace in Bukhara, Bildnummer.: 28539085; Stockfoto ID: Mosque entrance ceiling. Bildnummer.: 59932078; Stockfoto ID: tulip field, Bildnummer.: 138603617; Stockfoto ID: sequoias. Bildnummer.: 119572123; Stockfoto ID: Closed up view of mosque building on dark sky at UIA, Kuantan, Malaysia.Bildnummer.: 96662125; Stockfoto ID: Green cast on an arm of a women isolated on white background. Bildnummer.: 143518135; Stockfoto ID: Minaret of Mosque in Sarajevo, Bosnia and Herzegovina. Bildnummer.: 73345375; Stockfoto ID: hand the sleeping baby in the hand of mother close-up. Bildnummer.: 129290474; Stockfoto ID: Moroccan Architecture Interiors. Bildnummer.: 135123959; Stockfoto ID: YINCHUAN-CHINA-JULY 19, 2012. Hui Mosque on July 19, 2012 in Yinchuan. Hui is one of the 56 ethnic groups in China. Hui people are decedents of ancient Arabian traders and converted Chinese Muslims. Bildnummer.: 108863078; Stockfoto ID: One red tulip isolated on white. Copy space for your text. Bildnummer.: 93986461; Stockfoto ID: The Hagia Sophia (Ayasofya) interior, Istanbul, Turkey. Bildnummer.: 98066759; Stockfoto ID: Food for hungry poor children. Bildnummer.: 111898502; Stockfoto ID: ABU DHABI, UAE - APRIL 06: Beautiful columns of Sheikh Zayed Mosque, Abu Dhabi, United Arab Emirates on April 06, 2013. Bildnummer.: 149808509; Stockfoto ID: Detailed background of the intricate patterns on a wall of the Alhambra Palace, Granada, Spain. Bildnummer.: 124156090; Stockfoto ID: BEIJING-MAY 24. Volkswagen Passat B7 downtown at dusk. Passat is a large family car marketed through six design generations since 1973. It is manufactured in VW Nanjing factory. Beijing, May 24, 2013. Bildnummer.: 139581410; Stockfoto ID: View of the Blue Mosque (Sultanahmet Camii) at night with Crescent, Istanbul, Turkey. Bildnummer.: 142217779; Stockfoto ID: A highkey image of a Muslim prays. Bildnummer.: 162982418; Stockfoto ID: Alhambra Detail: Granada, Spain. Bildnummer.: 92406064; Stockfoto ID: Shower head with dropping water. Bildnummer.: 118453441; Stockfoto ID: Yellow tulips and one red. Bildnummer.: 126830129; Stockfoto ID: ISTANBUL, TURKEY - FEBRUARY 2: Muslim men performing their ablution before prayer in the courtyard of the New Mosque on February 2, 2013, in Istanbul, Turkey. Bildnummer.: 135049850; Stockfoto ID: Muslim praying in Medina mosque outdoor.Bildnummer.: 104822687; Stockfoto ID: Nuruosmaniye Mosque - Istanbul, Turkey. Bildnummer.: 11075650; Stockfoto ID: Hand with open palm isolated on white background. Bildnummer.: 130771313; Stockfoto ID: Water splash - blue filter. Bildnummer.: 164760071; Stockfoto ID: Koran - holy book of Muslims, in the Turkish Mosque. Bildnummer.: 127620701; Stockfoto ID: Dewy blue tulip isolated on white background. Bildnummer.: 162260261; Stockfoto ID: Dome of the Rock along the Skyline of Jerusalem, Israel. Bildnummer.: 100027550; Stockfoto ID: Muslims from all around the world praying in the Kaaba at Makkah, Saudi Arabia. Bildnummer.: 135200747; Stockfoto ID: Mevlana museum mosque in Konya, Turkey. Bildnummer.: 133602803; Stockfoto ID: Old arabic scripts, Koran. Bildnummer.: 73651009; Stockfoto ID: Intricate praying mat in a mosque. Bildnummer.: 113262109; Stockfoto ID: water drop and green leaves on a blue background. Bildnummer.: 77065594; Stockfoto ID: Ancient Handmade Turkish Tiles. Bildnummer.: 112163564; Stockfoto ID: MECCA - JULY 21 : Jabal Arafat near Kaaba on July 21, 2012 in Mecca, Saudi Arabia. Kaaba in Mecca is the holiest and most visited mosque for all Muslims and standing on Arafat is a part of Hajj. Bildnummer.: 125650109; Stockfoto ID: Mosque inside - Kocatepe Ankara Turkey. Bildnummer.: 27888733; Stockfoto ID: Mevlana museum mosque in Konya, Turkey. Bildnummer.: 133602791 ckfoto ID: ANKARA - JUNE 29: Ahmet Hamdi Akseki Mosque. New and modern mosque of the capital city - interior. June 29, 2013 in Ankara, Turkey, unidentified Praying Muslim man. Bildnummer.: 157793129; Stockfoto ID: A highkey image of a Muslim prays. Bildnummer.: 113785072; Stockfoto ID: Single water droplet lying on a perfect rose petal. Bildnummer.: 91782053; Stockfoto ID: Oriental prayer mat in mosque. Bildnummer.: 97294088; Stockfoto ID: The Old Bridge in Mostar, Bosnia and Herzegovina. Bildnummer.: 156762248; Stockfoto ID: Clean water running from many taps with sparkling drops. Bildnummer.: 110345177; Stockfoto ID: Water drops on fresh green leaf, isolated on white. Bildnummer.: 31561234; Stockfoto ID: CORDOBA, SPAIN - JUNE 5: Gardens of Alcazar de los Reyes Cristianos on June 5, 2013 in Cordoba, Spain. The place is declared UNESCO World Heritage Site. Bildnummer.: 164449433; Stockfoto ID: Drops of dew on leaf orchid. Bildnummer.: 68143240; Stockfoto ID: SARAJEVO, BOSNIA - MARCH 31:Muslim graveyard Tomb of Alija Izetbegovic, under blue sky, Sarajevo on March 31, 2013 in Sarajevo, Bosnia. Islamic religion is one of the three major religion in Bosnia. Bildnummer.: 136075664; Stockfoto ID: SARAJEVO, BOSNIA - MARCH 31:Muslim graveyard Tomb of Alija Izetbegovic, under blue sky, Sarajevo on March 31, 2013 in Sarajevo, Bosnia. Islamic religion is one of the three major religion in Bosnia. Bildnummer.: 136075664; Stockfoto ID: Mosque (Turkey, Konya). Bildnummer.: 127836722; Stockfoto ID: Towers of the Nabawi mosque againts blue sky. Nabawi mosque is Islam's second holiest mosque after Haram Mosque (in Mecca, Saudi Arabia). Bildnummer.: 161921564; Stockfoto ID: Yellow Sunflower isolated on white background with shallow depth of field. Bildnummer.: 164611568; Stockfoto ID: Detailed photo of a halved backlit shell of a chambered nautilus (Nautilus pompilius). Blue tint. Bildnummer.: 90148084; Stockfoto ID: ancient carpets. Bildnummer.: 66404524; Stockfoto ID: four, old books. Isolated over white with clipping path. Bildnummer.: 42777976; Stockfoto ID: Jabal Nour (Nour Mountain - mountain of light) in Mecca, Saudi Arabia. Prophet Muhammad (peace be upon him) received his first revelation inside a cave at this mountain. Bildnummer.: 153161474; Stockfoto ID: two rural road beetwen fields. Bildnummer.: 112718605; Stockfoto ID: Soccer Football News. Bildnummer.: 10863124; Stockfoto ID: ABU DHABI - JUNE 5: A place for washing the feet in Sheikh Zayed Mosque on June 5, 2013 in Abu Dhabi. The mosque is named after Sheikh Zayed bin Sultan Al Nahyan Next to it is buried. Bildnummer.: 151578749; Stockfoto ID: Muslims from all around the world praying in the Kaaba at Makkah, Saudi Arabia. Bildnummer.: 135190106; Stockfoto ID: Rain droplets condense on a flower petal in North America. Bildnummer.: 128943686; Stockfoto ID: Arabic calligraphy in Selimiye Mosque, Edirne, Turkey. Bildnummer.: 8031916; Stockfoto ID: Beautiful Moroccan Pavilion in Putrajaya, Malaysia. Bildnummer.: 27422557; Stockfoto ID: Ancient Handmade Turkish Tiles. Bildnummer.: 112163561; Stockfoto ID: human hands with water splashing on them. Bildnummer.: 97692641; Stock Vektor Illustration: Arabic Calligraphy,In the name of God, the Most Gracious, the Most Merciful, vector. Bildnummer.: 147434429; Stockfoto ID: ISTANBUL, TURKEY - JUNE 29: Muslims preparing during the prayer Sultanahmet Mosque on June 29, 2012 in Istanbul, Turkey. Blue Mosque, built in the 17th century by the architect Mehmet Aga. Bildnummer.: 134599052.

Quranlesen leicht gemacht

"Die Besten unter euch sind diejenigen, die den Quran lernen und lehren!"

Der Prophet Muhammed ﷺ

Der Edle Quran ist das heilige Buch. Er ist das Mittel zur Erlösung der Menschheit. Er ist der Wegweiser für alle Muslime. Um diesem Buch den ihm gebührenden Wert beizumessen, wurden uns Muslimen auch einige Verpflichtungen gegenüber dem Edlen Quran aufgetragen. Eine dieser Verpflichtungen ist, dass wir erlernen, ihn auf schönste Art und Weise vorzutragen. und dieses Wissen an andere weiterzu Sofern man die richtige Methode dabei anwendet, ist das Erlernen des Edlen Quran nicht mühsam, sondern bereitet im Gegenteil sogar Freude.

Der Islam

„Wahrlich, die (einzige) Religion bei Allah ist der Islam!“
(Ali Imran, Vers 19)

„Der Islam“ ist ein Lehrbuch für Kinder, Jugendliche und Neueinsteiger in den Islam. Es wurde für all jene verfasst, die sich für „die einzige Religion bei Allah“ entschieden haben und nun mehr über ihre neue Religion erfahren wollen. Dazu stellt „Der Islam“ die Grundlagen der Glaubenslehre der Ehlu Sunneh wel Dschema'ah und der fünf Säulen des Islam einfach und übersichtlich aus der Sicht der hanefitischen Rechtsschule dar. Der erste Teil dieses Buches beschäftigt sich mit dem Glauben an den Erhabenen Allah, die Engel, die Offenbarungsschriften und die Gesandten. Der Hauptteil des Buches beschreibt die Themen Reinigung, Gebet, Fasten, Pflichtabgabe (Zekah) und Pilgerfahrt und der letzte Teil des Buches macht uns mit dem Bittgebet und dem Tesbihat vertraut.

Frauenfragen zu besonderen Tagen

Hayd, Nifas, Istihadah

Die „besonderen Tage der Frau" sind einer der wichtigsten – und leider auch kompliziertesten – Themenbereiche des Islamischen Rechts. Dieses Buch hat es sich zur Aufgabe gemacht, dieses Thema leicht verständlich darzustellen. Es nimmt eine Unterscheidung zwischen den verschiedenen Arten der Blutungen der Frau vor und erklärt, unter welchen Umständen welche Regeln zu befolgen sind. Dabei werden nicht nur die einzelnen Rechtsurteile aufgeführt, sondern auch deren Begründungen. Dadurch werden die Rechtsurteile logisch nachvollziehbar und es wird verständlich warum man wie handeln muss. Im ersten Teil des Buches werden die verschiedenen Arten der Blutungen der Frau beschrieben und es wird dargelegt, in welchen Lebenssituationen die Frau wie zu handeln hat. Im zweiten Teil des Buches wird das Thema anhand von konkreten Fragen aus dem Alltag der Muslimin aufgearbeitet. Das Frage-Antwort-Spiel im zweiten Teil dient der Wiederholung der Themenbereiche des ersten Teils und erleichtert deren Verständnis ungemein.

Halal und Haram

„Wem Allah Gutes will, den lässt er sich mit religiösem Wissen beschäftigen!“

Der Prophet Muhammed ﷺ

Was ist halal, was ist haram? Was ist dem Muslim erlaubt und was ist ihm verboten? Dieses Thema bewegt alle Muslime gleichermaßen und führt immer wieder zu Streit zwischen ihnen. Das vorliegende Buch klärt Missverständnisse auf und sorgt für Klarheit. Die darin aufgeführten Rechtsurteile werden mit Quellen aus dem Edlen Quran und der Sunneh des Gesandten Muhammed r belegt und beseitigen somit letzte Zweifel aus dem Herzen des Lesers. Im ersten Teil des Buches werden die Rechtsur-teile nachvollziehbar hergeleitet und im zweiten Teil des Buches werden konkrete Fragen aus dem Alltag des Muslims beantwortet. So ist dieses Buch für den Laien und den Gelehrten gleichermaßen geeignet. Denn dem Laien bietet es die Möglichkeit, sein Wissen zu erwei-tern und dem Gelehrten dient es als Nachschlagewerk, um sein Wissen zu überprüfen.